高职高专会展策划与管理规划教材

HUIZHAN LIYI SHIWU
会展礼仪实务

李颖慧　黄永强　主编

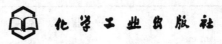

化学工业出版社

·北京·

本书采用项目过程理论开发会展礼仪实务课程，实施案例教学和项目教学相结合的架构，把经典的会展礼仪理论和案例分为7个项目，通过"案例介绍"、"案例分析"，由案例引出相应的理论，让学生在老师引导下完成学习任务，激发学生的学习兴趣，并结合"能力训练"中的案例，对学生进行持久训练，巩固所学知识，掌握会展礼仪基本技能。项目教学强调了学生对会展礼仪知识的活化与应用，体现了高职高专课程改革的发展方向和教学特色。

本书定位明确、内容实用、形式创新、难易适度，既可作为高职高专会展专业教材，也可作为成人高校、本科院校举办的二级职业院校和民办高校的会展专业教材，还可用于会展行业的各种短期培训等。此外，本书对于从事会展行业的有关工作人员也有一定的实用价值。

图书在版编目（CIP）数据

会展礼仪实务/李颖慧，黄永强主编．—北京：化学工业出版社，2009.9（2023.6重印）
高职高专会展策划与管理规划教材
ISBN 978-7-122-06413-4

Ⅰ．会… Ⅱ．①李…②黄… Ⅲ．展览会-礼仪-高等学校：技术学院-教材 Ⅳ．G245

中国版本图书馆 CIP 数据核字（2009）第 131373 号

责任编辑：李彦玲　于　卉　　　　　　　文字编辑：李姿娇
责任校对：陶燕华　　　　　　　　　　　装帧设计：尹琳琳

出版发行：化学工业出版社（北京市东城区青年湖南街 13 号　邮政编码 100011）
印　　装：北京虎彩文化传播有限公司
787mm×1092mm　1/16　印张 8　字数 195 千字　2023 年 6 月北京第 1 版第 7 次印刷

购书咨询：010-64518888　　　　　　　　售后服务：010-64518899
网　　址：http://www.cip.com.cn
凡购买本书，如有缺损质量问题，本社销售中心负责调换。

定　　价：**29.00 元**　　　　　　　　　　　　　　　　　版权所有　违者必究

前 言

高等职业院校培养学生是以就业为导向,因而十分重视学生的能力培养和训练。我们通过多年的教学实践发现,采用案例教学,把会展礼仪的场景用书面描述的形式呈现在学生面前,让学生进入被描述的会展情景现场,进而进入会展工作角色,以当事人的身份一起探寻会展礼仪的成败得失,对于提高学生发现问题、分析问题和解决问题的能力,实现会展礼仪艺术的升华帮助很大。为此,我们编写了这本教材。

与同类书籍相比,本书具有如下特点:

第一,定位明确。本教材建立在高职高专培养"蓝领"的办学理念上,从编写的指导思想,到内容选择、体系设计、编写模式,都以服务于培养基层岗位的综合能力为出发点,努力打造能够充分体现高职特色的实用教材。

第二,内容实用。从基层会展人员的实际需要出发,选择实用的内容,突出实践在课程中的主体地位,用案例来引领理论,使理论从属于实践。

第三,形式创新。为了体现高职高专课程改革的方向和教材特色,在总结多年教学改革的基础上,对教材编写模式进行了大胆的创新,采用项目课程理论开发会展礼仪实务课程,实施案例教学和项目教学相结合的结构,让学生在自学、争辩和讨论的氛围中完成学习任务,并通过"能力训练"中的"案例",对学生进行持久训练。项目教学采用了项目、模块编排方式,并不探讨很全面很深的理论内容,只强调对会展礼仪的活化与应用,让学生获得具有实践意义的学习总结,目的在于激发学生的学习兴趣,让学生在与工作任务的联系过程中去学习知识和技能,改革单纯学习知识的课程模式。

参与编写本教材的人员有:李颖慧(编写项目2、项目3)、黄永强(编写项目1、项目4、项目5)、吴镇阳(编写项目6)、张文嘉(编写项目7)。全书由李颖慧、黄永强任主编。

本教材既可作为高职高专会展专业教材,也可作为成人高校、本科院校举办的二级职业院校和民办高校的会展专业教材,还可用于会展行业的各种短期培训等。此外,本书对于从事会展行业的有关工作人员也有一定的实用价值。

本书在编写过程中,引用了部分书、报、刊物和网络上的文章,并参考了一些会展礼仪方面的文献和资料,在此谨向相关作者和转述者表示衷心的感谢。

本书在编写、出版过程中得到了有关高校领导以及化学工业出版社的指导和支持,在此也表示衷心的感谢。

由于我们的水平有限,书中难免仍有疏漏之处,欢迎广大读者特别是任课教师提出批评意见和建议。

编 者
2009 年 5 月

目 录

项目 1　会展礼仪概述 ……………………… 1
项目 2　会展工作人员的形象礼仪 ……… 13
　　模块 1　仪容 …………………………… 13
　　模块 2　仪表礼仪 ……………………… 16
　　模块 3　仪态礼仪 ……………………… 20
项目 3　会展工作人员的日常交际
　　　　礼仪 ……………………………… 25
　　模块 1　称呼礼仪 ……………………… 25
　　模块 2　介绍礼仪 ……………………… 27
　　模块 3　握手礼仪 ……………………… 29
　　模块 4　交谈礼仪 ……………………… 30
　　模块 5　名片礼仪 ……………………… 33
　　模块 6　通联礼仪 ……………………… 35
　　模块 7　馈赠礼仪 ……………………… 42
项目 4　会议礼仪 ………………………… 45
　　模块 1　会议礼仪策划 ………………… 45
　　模块 2　会议现场礼仪 ………………… 53
　　模块 3　会后服务礼仪 ………………… 59

项目 5　展会礼仪 ………………………… 62
　　模块 1　展览会礼仪策划 ……………… 62
　　模块 2　展览会中的礼仪 ……………… 68
　　模块 3　展览会后的礼仪工作 ………… 75
项目 6　常见会展礼仪 …………………… 78
　　模块 1　发布会礼仪 …………………… 78
　　模块 2　洽谈会礼仪 …………………… 83
　　模块 3　社交舞会礼仪 ………………… 89
　　模块 4　茶话会礼仪 …………………… 93
项目 7　世界部分会展国家和地区礼仪
　　　　简介 ……………………………… 99
　　模块 1　欧洲主要会展国家礼仪 ……… 99
　　模块 2　美洲主要会展国家礼仪 …… 106
　　模块 3　亚洲主要会展国家和地区的
　　　　　 礼仪 …………………………… 110
　　模块 4　非洲及大洋洲部分国家会展
　　　　　 礼仪 …………………………… 117
参考文献 …………………………………… 122

项目1 会展礼仪概述

一、教学目标

1. 终极目标

① 了解会展礼仪的基本概念与特点。
② 掌握会展礼仪服务的原则及内容。
③ 熟悉对会展礼仪工作人员的基本要求。
④ 了解礼仪在会展中的作用。

2. 促成目标

① 进入会展礼仪的训练状态。
② 充分理解会展工作人员的角色、地位及其影响。

二、案例

1. 案例介绍

一天上午,某公司在一家五星级酒店的多功能会议厅召开会议。其间,该公司职员李小姐来到商务中心发传真,发完后李小姐要求借打一个电话给总公司,询问传真稿件是否清晰。

"这里没有外线电话。"商务中心的服务员说。

"没有外线电话稿件怎么传真出去的呢?"李小姐不悦地反问。

服务员:"我们的外线电话不免费服务。"

"我已预付了20元传真费了。"李小姐生气地说。

服务员:"我收了你的传真费,并没有收你的电话费啊?!更何况你的传真费也不够。"

李小姐说:"啊,还不够?到底你要收多少呢?开个收据我看一看。"

"我们传真收费的标准是:市内港币10元/页;服务费港币5元;3分钟通话费港币2元。您传真了两页应收港币27元,再以1∶1.08的比价折合成人民币,我们要实收人民币29.16元。"服务员立即开具了传真和电话的收据。

李小姐问:"传真收费和电话收费是根据什么规定的?"

"这是我们酒店的规定。"服务员出口便说。李小姐:"请您出示书面规定。"

"这不就是价目表嘛。"服务员不耐烦地回答说。李小姐:"你的态度怎么这样?"

"您的态度也不见得比我好呀。"服务员反唇相讥。

李小姐气得付完钱就走了。心想:五星级服务,难道就是这样的吗?

2. 案例分析

本案例中的服务员不具备一名合格商务人员的基本素质。接待服务工作是一门综合艺术,是非常讲究接待服务的方法、技巧的。要提高服务质量,就要求服务人员必须接受专业的训练,才能使他们无愧于五星级的标志。

三、理论知识

(一)会展礼仪的基本概念

1. 礼仪的基本概念

礼仪是指一个国家、一个民族、一个部门、一个行业、一个团体、一个家庭乃至一个人，在其内部和与外界进行各种交往活动时，必须遵循的道德行为规范和准则。礼仪的本质就是通过一些规范化的行为以表示人际间的相互敬重、友善和体谅。

2. 会展礼仪

会展礼仪最早形成于20世纪40年代的欧洲，随着会展业的不断发展，到20世纪70年代，会展礼仪逐步形成专业化、正规化的规模。我国的会展礼仪是随改革开放而产生和发展起来的。

会展礼仪是在会展实践活动中形成的人与人之间、组织与组织之间、国家与国家之间相互表示友好和敬意的外在行为规范和准则。

会展礼仪渗透于会展的各个环节，包括会展的主题和场地的选择、会展的筹备和策划、日程的安排、会展的服务及展后的工作等。

（二）会展礼仪的特点

会展行业是一个服务性的行业，所以会展礼仪的主要功能就是服务。会展的成败在很大程度上取决于服务的水平，也就是会展礼仪的效果。会展礼仪作为会展业的重要内容，具有不可替代性。会展礼仪的特点主要体现在它的人文性、责任性、从属性、综合性、协调性和专业性等方面。

1. 人文性

会展礼仪具有人文性的特点，在会展的礼仪服务过程中，不论是会展的策划、服务，还是会展过程的安排，在不同的地区、不同的国家，由于文化传统的差异，会展礼仪都有不同的体现。

2. 责任性

会展礼仪在会展中的重要性是很大的，一次展会的成败，会展礼仪起着至关重要的作用。因此要求会展参展人员要有高度的责任心和责任感，对会展的各个方面细心认真，服务周到、细致、规范。会展服务人员不仅代表自己的企业形象，而且代表着地区乃至一个国家的形象。

3. 从属性

会展礼仪服务是依附于会展而进行的，它不能单独存在。离开了会展，也就没有会展礼仪服务。会展的大小、重要的程度，直接决定着会展礼仪服务的水平和规模。所以，会展礼仪服务具有从属性的特点。

4. 综合性

会展礼仪服务是一个综合性很强的工作。首先，会展礼仪服务需要广博的知识为基础。会展的种类繁多，不同的会展项目需要不同的知识，因此，会展礼仪服务必须具有多方面的知识，才能更好地提供完善的服务。其次，会展礼仪服务又是多技能的。一个展会的成功需要多方的安排。从吃、住、行，到游、购、展，是一个非常复杂的过程，对会展服务礼仪提出了多方面的要求。再次，会展业是一个不断发展完善的行业，会展服务礼仪也需要不断完善发展。会展礼仪服务工作者，不仅要掌握一定的知识，也需要一定的技能，以适应会展业发展的要求。

5. 协调性

办会展是一个综合性的工作过程，涉及面广是会展业的主要标志之一。所以办好会展很重要的一点就是协调。协调好和参展商的关系，各方互相配合，围绕共同的目标做好服务；协调好和主办单位的关系，主动寻求主办单位的支持，服从主办单位的领导，满足主办单位的要求是会展服务的一项重要内容;协调好和与会人员的关系,会展服务人员要摆正自己的位置,做好服务工作,对与会的客人要热情、周到、细致地提供服务,以求得客人的满意;协调好服务项目的关系,会展服务项目繁多,但是,事无巨细都要提供优质的服务。例如,小到记录本、笔、墨水、茶水等,大到会场的布置、座位的安排、空调的调试、音响的测试,以及会务、接待、行政、旅游、交通、医疗、保安、志愿者的招募培训等,都要认真协调。

6. 专业性

会展业是一个专业性很强的行业,每一次展会都有不同的主题,相同主题的展会,展览的规模、层次也会不同。所以会展服务人员除了具有广博的专业知识之外,还要具有深厚的展览知识,了解并且掌握每次展会的业务性质、范围、职责、工作流程和服务标准,这样才能让会展的专业特点突出,展会的个性鲜明,展会的效果最佳。

(三) 会展礼仪服务的原则

1. 充分准备,有备无患

举办展会是一项复杂而且涉及面很广的工作。每一次展会的成功都需要多方面的配合,因此要想取得展会的成功,就必须在展前进行大量细致、周密、完善的准备。如何做好展前准备,主要表现在三个方面。

第一,做好计划。会展计划也就是会展的方案。会展计划可以分为整体计划和分项计划两种。整体计划就是要对会展活动进行综合性的安排,做到统一协调、合理安排、发挥作用、优质服务。分项计划就是对会展活动的各个部门进行计划落实,责任到部门,责任到人,使会展活动能够快速有效地运转,最好有备用方案。

第二,做好准备。会展准备主要是从两个方面进行的,一是物质准备,二是精神准备。物质准备就是要准备好展会所需要的所有物品,包括会场布置,相关物品的采购、检查、分类、安放等,还包括生活设施的安排、完善,不仅要配备齐全,还要详细地检查验收,确保准备的万无一失。精神准备就是要认真了解展会的内容、目的和要求,领会展会组织者的意图,提前做好组织动员,使参展人员在心理上和思想上做好充分的准备。

第三,落实责任。会展活动是一项庞大的系统工程,涉及的人员多、部门广、行业杂。因此,办好展会需要各方面的严密配合,需要有明确的分工和协调,要实行责任制,按照展会计划层层落实,责任到人、任务到人,职责明确、责任明确。

2. 主题突出,目标明确

一个企业要想取得好的效益,关键的问题就在于扩大自己的知名度或影响力,而企业扩大影响力最快捷的方法就是依靠展会。但是,如何在众多的参展企业中脱颖而出,关键的问题在于是否能够吸引访客的兴趣。作为参展企业,一方面要有新颖的产品,同时,也要有激发访客兴趣的展览企划方案。所以,对会展的策划在保持新颖、奇特的基础上,也要注意展览的目标要明确,主题必须突出,只有这样,才能收到事半功倍的效果。每次会展,会展工作人员必须在参展前明确参展的主题和目标,只有把具体的目标和会展的主题联系起来,才能为参展企业提供更好的服务,取得展会的成功。

3. 热情周到,观察入微

第一,热情周到。顾客是上帝,热情周到的服务,其核心内容就是要让访客满意。首先,要对访客的服务细致入微。展会的一切安排要围绕方便服务访客而展开,从访客到来,到访客离开,采取全程服务的方法,从访客的言谈举止去细致观察,发现问题及时改进。其次，要对访客的服务热情周到。展会工作人员要注意礼貌，用文明礼貌的语言解答访客的疑问，用规范的礼仪迎送访客，让访客在光顾的时候有如沐春风的感觉，让访客在参加活动的同时，愉快地接受企业所宣传的理念并乐意接受企业所提供的服务。

第二，观察入微。会展工作人员要掌握心理学、公共关系学的有关知识，在和顾客的短暂交流中，细致入微地观察顾客，正确地掌握顾客的身份、爱好、职业、文化程度等基本信息，以便能更好地进行针对性的服务，抓住每一个细节，有的放矢地为那些对你产品有兴趣的顾客服务；否则就会错过那些潜在的顾客，起不到展会应有的作用。正如黛丝瑞·奥瓦内尔所言："我走在会展上，经常发现有两种情况：一种为，我几乎得走到柜台里面，才能引起会展工作人员的注意。他们正在一起叙旧、喝酒、吃花生等。另一种为，我几乎从走道里被拖进来，就因为他们自己定下目标要跟尽可能多地与客人交谈，因而全然不顾我竭力表明我对此不感兴趣这个事实。这两种方法都不可能奏效！相反，它们往往令人恼火！"所以，正确的观察、细致入微的服务，才是做好展会工作的原则。

4. 以人为本，礼貌先行

会展活动说到底是为人服务的，因此必须坚持以人为本的理念。每次会展活动的人员流动都是比较大的，特别是大型展会，参展企业和参展人数都比较多，例如，每年一次的沈阳国际机电产品交易会，参展商多达上千家，成员来自世界各地，参观顾客有几十万人次。所以，顾客对每个展位的参观时间都比较短。同时，其他的一些因素也会影响和分散顾客的注意力。展会服务人员为了让顾客更多地关心和了解展览，就要考虑到顾客的实际情况，以简便快捷的方式，完成对顾客的宣传，尽量做到不干扰顾客，不让顾客厌烦。

礼貌是会展礼仪的重要组成部分，"来的都是客"，对会展服务人员来说，完善的服务礼仪是做好展会的基本条件。微笑的面容、彬彬有礼的举止、大方得体的言谈都会给顾客留下良好的印象，使顾客从中感受到产品和服务优质，为展会的成功奠定基础。

5. 专业扎实，积极努力

展会是一项专业性很强的活动，每一个展会都有明确的专业特点，在展会的参观人群中，80%以上为专业人员，所以展会服务人员必须具有深厚的专业知识和专业能力，这样才能回答顾客的问题，得到顾客的尊重和佩服。展会服务人员的服务也必须专业化，这样才能提供规范的服务，让顾客对合作放心。

6. 坦诚相待，守时守信

展会服务人员和参展企业对顾客要坦诚相待，告诉顾客真实的信息，尊重顾客的意见，不要轻易对顾客的意见发表不同的看法。对顾客要使用尊敬的语言，让顾客充分感受到你的真诚和坦率，这样顾客才会愿意与你交往，乐意合作，真诚对你。"做一项工程，交一方朋友"，这句话对会展服务人员也是有意义的。不管顾客合作能不能成功，始终要相信对方的诚意，这样才能换取顾客的理解和支持。

"人无信则不立"，守信是中华民族的传统美德。作为会展人员，一旦对顾客做出承诺，就必须无条件地履行承诺，在履行承诺时要守时守信，这样才能让客户满意，有信心与一个信时守约的公司继续合作下去。守时守信还体现在与顾客的联系上，要及时与顾客取得联系。定期将公司的信息传达给顾客，让顾客了解新产品的信息，同时，及时了解顾客对产品的使用情况。在适当的时间或节日，要和顾客联系，邮寄新产品宣传册和纪念品，寄祝福的贺卡等，让顾客感受到你的真诚守信，继续加强对你的了解和支持。

7. 节俭高效，确保安全

会展是一个支出比较高的活动，对企业来说，会在一定程度上增加负担，特别是刚刚起步的企业，在会展活动中要力求节俭，反对奢侈浪费，这样才能减少会展成本，为企业提供效益。

会展场所是一个人流、物流集中的地方，作为会展方，一定要注意会展的安全。会展的安全主要集中在以下几个方面：

（1）人员的安全　会展服务人员要严格按照国家的有关法律和展会程序，合理安排展位、消防通道、安全出口等，明确标志，联系有关方面维护好展会秩序，防止发生人身伤害事故。

（2）资料的安全　会展服务人员要注意会展资料和参展企业信息的保密工作，严防泄密。特别是要注意维护参展企业的知识产权。

（3）餐饮的安全　展会人员集中，就餐条件简陋，集中饮食对卫生条件的要求更高。要严格执行卫生检查制度，对食物来源要严密监督，防止发生集体食物中毒事件，确保参会人员的身体健康。

（4）交通的安全　要制定完善的交通运行图，做到安全、及时、快捷地疏散参会人员，避免交通拥堵和交通事故的发生。北京2008年奥运会的成功，交通的完善就是一个很大的亮点。

（四）会展礼仪服务的内容

礼仪是人际交往的通行证，"不学礼，无以立"，对于会展业，同样如此。

会展业是一个综合性很强的行业，它的成功需要多方面的配合，也需要多种工作的有机结合。在现代会展业中，会展工作包括了会展的策划、实施、服务、宣传以及展台的设计、搭建等多个方面。这些工作缺一不可、互相联系，形成一个有机的整体，任何方面的缺失或不完善，都会使会展不能成功举行甚至导致会展的失败。

完善的组织、有效的运转、良好的服务、专业的运作是现代会展业不可缺少的方面，而优质的会展服务，更是会展业成功的关键因素之一。国外会展业的调查显示，会展活动的参观者中有85%的第一印象来自于会展工作人员，会展从业人员良好的服务对会展业的成功和发展都具有十分重要的意义。首先，良好的会展服务可以提高会展业的工作效率；其次，良好的会展服务可以展现会展业的职业精神，使会展业的人文精神、专业精神、团体精神等职业精神都能得到更好的体现；最后，良好的会展服务可以塑造会展业的良好企业形象。

（五）对会展礼仪工作人员的要求

会展是服务性质的工作，对会展服务人员的礼仪规范要求很高，这些礼仪规范要求是会展服务人员工作的基本准则。因此每一个会展服务人员，不论从事何种工作，承担何种职务，都必须严格遵守和认真对待会展工作人员行为的基本准则，这是做好会展服务的关键环节。根据国家的有关规定和行业规范，对会展工作人员的基本要求和基本准则主要包括政治、业务、语言举止、交际、保密、外事等方面的内容。

1. 政治行为基本要求

政治行为是国家对从业人员的基本要求。会展服务人员在政治行为方面的要求包括：

（1）维护形象，爱岗敬业　会展礼仪工作人员代表的是组织者的形象，因此，只有热爱本职工作岗位，努力钻研服务技能、技艺，踏踏实实地工作，才能在业务和形象上更好地维护企业甚至是国家的利益。

(2) 服从组织，服从领导　会展服务牵扯面很广，做好会展服务工作没有严明的纪律约束是无法完成的。所以会展服务人员必须遵守纪律，认真做到服从组织、服从领导。会展服务人员在工作中要始终坚守"三个服从"，即"下级服从上级、个人服从组织、局部服从大局"。这是做好会展服务工作的保障。

(3) 遵守法律，听从指挥　法律是国家规范公民行为的基本准则，作为国家公民的会展服务人员，也必须遵守国家的各项法律。为了提高遵守法律的自觉性，会展服务人员就要认真学法、懂法、用法，努力提高法律意识，在工作中遵守法律，养成依法办事的习惯。同时也要遵守单位制定的各项规章制度，听从指挥，严格做到令行禁止。

2. 业务行为基本要求

会展业是一个专业性很强的行业，对从业人员的业务要求极高。作为会展服务人员，必须不断提高自己的业务水平，以适应会展业发展的要求，具体应该做到：

(1) 遵守纪律，熟悉政策　会展业具有很强的涉外性，随着我国对外经济交流的不断增加，会展业的国际特征越来越明显。作为会展服务人员，就要了解和掌握国家有关的方针和政策，以便在工作中能把握好尺度。特别是在涉外会展中，要严格按照国家的政策解决工作中的问题，培养良好的纪律观念和政策观念，在会展服务工作中维护国格，保持人格的尊严。

(2) 钻研业务，熟悉工作　第一，要钻研业务。业务的提高需要知识的积累，会展服务人员要坚持不断学习，既要学习理论知识，也要在实践中学习、在工作中学习，掌握会展业所需要的各种知识，提高自己的服务技能。第二，要熟悉业务。钻研业务的目的就是要尽快地熟悉业务，方便工作。会展工作人员要努力融入到工作中去，熟悉自己业务所需要的一切，包括自己的业务范围、业务性质、职责的要求、工作的流程、服务的标准、服务的规范、服务的技能等多方面的具体内容。第三，要精通业务。会展服务人员在熟悉业务的基础上还要精通业务，只能熟悉业务是远远不够的，必须能够熟练地运用业务技能，才能更好地完成工作。所以，会展服务人员要在熟悉业务的基础上，熟练地加以应用，使自己成为业务的能手、技术的精兵、工作的模范。

(3) 应用现代科技，提高业务技能　会展业是一项科技含量很高的行业，随着科技的不断发展，会展业的科技含量也越来越高。一次成功的会展，必须充分利用高科技，发挥高科技的作用。作为会展服务人员，就要努力适应科技发展的要求。一方面认真学习和掌握最新的科技知识，提高自己的服务水平。另一方面，要学习掌握现代化的服务技能和手段，熟练使用计算机技术，处理各种会展业务，实现工作的现代化。最后，要创新发展。在工作中要不断创新，运用高科技手段，寻求工作的突破，使自己的业务技能始终走在社会的前沿。

(4) 认真负责，体贴入微　会展服务工作的宗旨就是要全心全意为参会人员提供服务。服务工作要做就必须有认真负责的意识和态度。如果疏忽大意，就会给工作带来不可弥补的损失甚至是灾难性的后果。因此，对工作要认真负责，细致安排，万无一失。

会展服务还要体贴入微，会展参展人员来自全国各地或者是世界其他国家或地区，由于民族的差异、宗教信仰的不同、生活环境的不同，必然会产生许多困难和不便。会展服务人员要体贴入微地为他们服务，尽量满足参展人员的合理要求，谦和对待，主动关心，帮助解决困难，做好沟通协调，有针对性地提供服务。

(5) 遵守各项规章制度　规章制度是一切工作的准则。会展服务工作的复杂性，决定了会展服务人员必须遵守行为规范，同时也要遵守相应的规章制度。

① 请示报告制度。会展服务工作的复杂性，决定了在工作中遇到重大问题必须请示汇报，协商解决。任何工作人员不得擅自自作主张，避免发生不必要的麻烦。

② 岗位值班制度。每个会展工作人员都要坚守工作岗位，共同维护会展的秩序。不允许发生超出岗位职权范围，从事职责以外的活动。

③ 领款领物制度。会展工作人员与钱、物接触是工作常态，这就要求会展工作人员要坚持领款领物的规章制度，做到钱、物两清，不得公款、公物私用。也不允许会展工作人员借用工作之便向宾客索要或者侵占顾客的钱、物，不允许利用权力侵占公共财物。

④ 设备设施使用维护制度。会展工作需要使用许多设备设施，工作人员要注意设备设施的日常维护，保证设备设施的正常使用。同时，会展服务人员要适当掌握一些设备维修知识，具备解决设备简单问题的能力，更好地为展会的顺利举办服务。

⑤ 安全保卫制度。会展场所是人员密集的地方，也是安全防范的主要目标。作为会展服务人员，会展安全的保障是其义不容辞的责任。第一，会展服务人员要严格执行安全规章和制度，不得有丝毫的松懈。第二，要积极协助安保人员，做好安保工作。第三，未经容许不得擅自安装设施，防止安全意外的发生。第四，会展服务人员要及时发现和制止危害会展安全的各种行为。

⑥ 保密制度。会展工作人员对工作中接触到的一些涉及机密的文件、资料和信息，要按照规章制度和保密法的要求，严格保守秘密，防止泄密事件的发生，维护企业的信誉。

3. 语言举止行为基本要求

会展服务人员工作的对象是顾客，需要与顾客进行交流，因此语言的运用、举止的得当成为会展服务人员工作的重要环节。

（1）语言行为的基本要求　语言是人与人沟通交流的工具，没有一个良好的工具，就难以取得会展的成功，如同战士作战没有良好的武器就难以取得战争的胜利一样。对会展服务人员的语言行为的基本要求主要表现在：

① 标准适用，确切简洁，合乎逻辑。对于会展工作人员来说，首先，要具备一定的语言基础。在熟练掌握汉语普通话的基础上，适当掌握一些地区方言、外语以及一些少数民族的语言，是工作中必不可少的。其次，也要适当学会对语言的灵活运用，掌握熟练的语言运用技巧。

参加会展的顾客由于各方面的原因，例如展会规模较大，需要了解的参展商很多，或者工作繁忙等，所以他们不可能一直停留在你的展位旁，倾听你的长篇大论，而且冗长的谈话会让对方厌倦。因此，会展工作人员一定要掌握语言技巧，长话短说，直奔主题，简洁明了。

会展工作人员在语言的运用上，还要注意语言的逻辑性，适应不同语言的顾客的需要。在回答顾客问题时，要主次分明，具有层次感，目的明确，思路清晰。

② 温文尔雅，热情礼貌。会展工作人员不仅要具有良好的语言技能，在面对顾客时还要举止得当。举止得当首先体现在会展工作人员的严、情、意、美等方面。严，就是讲话要有逻辑性，主次分明，理性突出；情，就是要注意表情的运用，在语言表达时声情并茂，以情感人；意，就是语言运用的意境，做到辞能达意；美，是指语言的运用技巧性很强，语言的抑扬顿挫、用词的选择、声音的运用等，都要加以训练，让语言变得优美动听。

热情礼貌是会展服务人员进行交谈时的基本准则。在工作中会展服务人员要热情、主动、礼貌地回答顾客的一切问题，解决顾客面临的所有困难，不能使用模糊不清的语言。坚决反对使用一些不恰当的否定性的语言。

(2) 仪表举止的基本要求　会展工作人员在具备内在素质的同时，也要注意外在气质对顾客的影响，特别是在仪表举止上，要加以提高和完善。

① 守时，守约。守时是会展服务人员的基本礼貌和工作准则，遵守时间既是工作的需要，也是对顾客的尊重。对客人的拜访不能盲目，要事先约定。约定的事，轻易不要改变，甚至失约，否则是非常失礼的。特别是对重要客人和自己的长辈、领导、女士，更要礼貌守约。

② 穿戴，妆容。作为会展工作人员，虽然每个人的爱好不同，但是工作时在着装上力求统一。在与顾客的交往中，在不能统一着装的情况下，也要注意服装的和谐、整洁，与自己的身份要适应。

会展服务人员，特别是女性要注意自己的妆容，用淡妆来修饰自己，给顾客以清爽明快的感觉，不要化浓妆，"淡妆浓抹要相宜"。

③ 迎接，接待。迎来送往是会展服务人员的日常工作之一，在迎接、接待顾客的时候，也要注意礼貌和规范。比如，在迎接、接待顾客时，要提前做好准备，不管车站、码头、机场，都要有专人迎接，而且要准备好欢迎的条幅。见到客人要热情致意，一句问候、一个热情的握手，都会让客人有宾至如归的感觉。同时，要向客人简单介绍展会的安排，帮助客人熟悉环境，听取客人的意见和建议。

④ 问候与告别。对参会的客人要问候，不论是工作过程中，还是在工作之余，见到客人要主动热情地问候，要做到彬彬有礼。在去房间拜访客人时，要注意礼貌，一要敲门，经客人容许后方可进入客人的房间；二要脱帽，进入客人房间，如果戴帽，一定要注意脱帽与客人交谈；三要灵活，根据客人的情况，灵活地掌握与客人的谈话，不要干扰客人的正常生活。

在和客人的问候与告别中，要注意礼貌，体现自身的修养。不讲有损国格、人格的话，不使用粗俗贬义的语言，注意掌握语言的抑扬顿挫。

4. 交际行为基本要求

交际行为是会展服务人员的又一项重要工作。交际即社会交流与人际。人际关系是人与人之间的沟通，是用现代方式表达出论语中"欲人施于己者，必先施于人"的金科玉律。友善的言行、得体的举止、优雅的风度，这些都是走进他人心灵的通行证。在交际行为中，会展服务人员要注意以下事项。

(1) 服从组织和领导　会展服务人员的工作性质决定了他的服从性。会展工作是按照主办单位和上级领导的要求来进行的，因此在工作中要注意：一是经常向领导请示汇报，得到领导的支持，保证工作的顺利开展；二是熟悉领导的工作作风和工作习惯，正确地领会领导的意图，明确工作目的和工作目标，确保任务的完成，避免由于考虑不周而造成的工作失误；三是与主办单位积极沟通，了解主办单位的意图和需求，得到主办单位的理解和支持，优质地完成各种工作任务；四是要有创新意识，在工作中既要服从组织和领导的要求，但也要切忌因循守旧、没有创新意识。在了解领导和主办单位的意图后，要发挥自己的主观能动性，创造性地去完成好工作。

(2) 尊重同事　任何工作都需要同事的相互配合，而同事的相互配合对工作项目繁杂的会展业更加重要。尊重同事，就要做到：第一，从尊重同事入手，卑己尊人，寻求帮助；第二，以寻求信任关系为工作起点；第三，用自己的工作激情感染同事，主动而不急于求成，积极而不咄咄逼人。世界知名零售业巨头沃尔玛的成功经验就在于尊重和相信同事,所有同事形成一个有机的整体,这样才能做好工作。

当然,要想和同事友好相处,首先要有与同事友好相处的愿望,有了愿望才能付之行动;同时要主动热情地对待同事,取人之长,补己之短,严于律己,宽以待人。

(3) 协调友邻 会展服务的综合特点,决定了每次展会的成功都需要多部门、多方面的配合。因此,对会展服务人员来说,在工作中首先要有大局观念,做事情要从大处着眼,小处服从大处,局部服从全局,协调好部门利益,追求整体利益的最大化。同时,各部门要分工合作,各负其责,做到责任明确,各司其职,互相帮助,以促进互相间的协作,共同完成任务。

5. 保密行为基本要求

(1) 建立完善的保密制度 没有制度就无法去执行,在会展工作中要建立完善的保密制度,按照制度要求,在展会开始前就做好保密工作。一是对会议的录音、扩音设备进行保密检查,以防泄密事件的发生。二是对通信器材进行检查,提出保密要求或者实施屏蔽。三是在会后要检查会议文件和会议资料,进行整理、上交、存档,防止文件和资料的丢失。

(2) 妥善保管会议文件资料 对会展过程中的一切需要保密的资料文件、信息,在会议结束后,要按照保密制度进行严格的整理、交接。对发现的问题及时纠正。对会展的资料文件要妥善保管,以防丢失泄密。

(3) 严格执行保密制度 对所有参会人员进行保密教育,不容许在私人通信中涉及机密,也不容许向无关人员透露机密。不得对保密内容私自复制、录音,不容许私自携带机密资料到公共场所。

6. 外事服务行为基本要求

随着我国对外开放的进一步深入,中国人与外国人打交道的机会越来越多了。从中央到各级地方部门,目前都有经常性的外事接待任务。所谓外宾,在此特指正式来访的外籍客人。周恩来总理在1951年就为外交人员制定了外事接待工作的十六字方针:"站稳立场,掌握政策,熟悉业务,严守纪律"。这是外事接待工作的基本原则,它既是对我国外事接待工作所提出的关键性要求,又是接待服务人员在具体工作中所须遵守的行动指针。在经济全球化的今天,会展活动的外事行为也不断频繁。对会展人员而言,要做好外事服务,就要在会展活动中坚持以下基本要求。

(1) 维护国家利益 外事服务人员在日常工作中维护祖国的一个重要表现,就是坚决捍卫祖国尊严。在接待外宾时,接待人员必须确保自己的所作所为不损害别国的国家尊严,同时也绝对不容许外宾的所作所为损害我国的国家尊严,接待人员必须确保自己的所作所为不损害祖国的尊严。在国旗、国徽、国歌等国家象征性标志的使用中必须慎之又慎。

总之,在外宾接待工作中,接待人员对于哪些话该讲、哪些话不该讲、哪些事该做、哪些事不该做,应当心中有数,并且在实际工作中一丝不苟、谨言慎行。

(2) 注意内外有别 外事服务工作是和其他国家的人员交往,世界各国的接待工作人员都无一例外地被要求保守国家机密,这是接待人员必须遵守的一项基本职业操守。接待人员只有在保守国家机密方面做到万无一失,才能够真正履行好自身的重要职责。

在外宾接待工作中,接待人员要做到严守国家机密,关键是要防泄密、不泄密、反泄密。为此,必须重视以下三点:一是具有保密意识。接待人员必须在思想上高度重视保密工作,在任何时候,都不可有丝毫懈怠。二是养成保密习惯。接待人员必须养成良好的保密习惯,并且将这一习惯具体贯彻于各项外宾接待工作中。三是坚持内外有别。在接待工作中,提倡接待人员多交朋友,广结善缘。另外,要注意内外有别,对国家机密必须守口如瓶,不允许内事外扬,无所顾忌。

(3) 崇尚礼仪为先　在人际交往中,待人热情之人通常最受欢迎。法国大文豪伏尔泰认为:"没有一点热情将一事无成。"美国总统威尔逊则说过:"冷漠无情就是最大的残忍。"

在国际社会中,中国人一向以待人热情而著称。中国人认为,待人热情不仅意味着自己对待外宾具有诚意,而且还意味着自己对对方充满了友好、关怀与热诚。

参与外事活动时,接待人员亦须对外宾热情相待,这与国内的人际交往并无多少差别。但是,接待人员对外宾的热情相待,必须有一个"度"的限制,要切记"热情有度"4个字。

作为外事礼仪的一项基本守则,"热情有度"就是要求接待人员与外宾进行接触时,既要注意为人热情,以示友善之意,更要充分把握好为人热情的具体分寸,否则就有可能事与愿违。这一"具体分寸",指的就是所谓"热情有度"之中的"度"。

如果要对"热情有度"作更准确的描述,就是要求接待人员在待人热情的同时,一定要铭记:自己的一切所作所为,均应以不影响对方、不妨碍对方、不给对方平添麻烦、不令对方感到不快或不便、不干涉对方的私人生活、不损害对方的个人尊严为限。与外宾打交道时,接待人员若掌握不好这个限度,而对对方过"度"热情,就有可能使自己不适当地"越位",导致好心办坏事。

(4) 体现平等原则　中国人对在他人面前妄自尊大、自我张扬、不懂谦虚等表现颇为反感。中国人一向讲究含蓄、委婉、自我保护,强调的是"喜怒不形于色",主张的是自谦、自抑甚至自贬,反对的则是自我肯定、自我表现。在中国人的为人之道中,"满招损,谦受益"一直受到提倡。待人不够谦虚的人,喜欢自我表现的人,在人们眼里不是嚣张放肆,就是不会做人。

在绝大多数外国人看来,为人谦虚固然重要,但绝对不宜矫枉过正,将其发展为自我否定,自我贬低。"过分的谦虚,是对于自然的一种忘恩负义,相反的,一种诚挚的自负却正象征着一个美好伟大的心灵。"法国启蒙思想家拉美特利的这种说法,被很多外国人所认同。

因此,在接待工作中需要进行自我评价时,接待人员既不要自吹自擂,自我标榜,骄傲自大,也没有必要妄自菲薄、自轻自贱、自我贬低、自我否定,过分地谦虚、客套,以至于给人以缺乏自信、虚情假意之感。如有必要,在坚持客观、公正、实事求是的前提下,接待人员要善于从正面对自己进行评价或肯定。用德国哲学家叔本华的话来说,就是:"伟大就是伟大,不凡就是不凡,实在无须谦逊。"要用平等的原则对待外宾,对待自己。

中国是一个大国,在外事服务时,在反对谦虚过度的同时,也要防止大国沙文主义,对参展人员,不论来自富国还是穷国,不论来自大国还是小国,都要一视同仁,平等相待。

(5) 加强组织观念　外事服务工作是一项原则性很强的工作,作为会展服务人员,在涉及外事服务的时候,一定要按照国家的有关规定去做,不得擅作主张,要加强组织纪律性。遇到问题时,要及时请示汇报,听取上级部门和领导的意见,要注意不得背着组织与外国人和外国机构私自交往。

(六) 礼仪在会展中的作用

1. 形象作用

礼仪的基本目的就是树立和塑造个人及企业的良好形象。在实际工作中,正确地运用交际礼仪，即可通过展示和树立个人或企业的形象而促进本人或本组织的发展。

2. 桥梁作用

沟通是礼仪的重要功能，也是礼仪的重要目标之一。人，既是个体的人，也是社会的人。每个人都是社会舞台上的演员，既要"演好"自己的"戏"，又要善于与其他角色配合。健康的礼仪就像桥梁一样履行着沟通的职责。

3. 协调作用

在人们的各种社会活动中，礼仪可以作为人际关系中的调节器来不断调节和协调人际关系，使你、我、他融合在一起，协调合作形成整体合力，从而推动社会前进。交际礼仪的协调作用正在于此，它能使陌生人相逢乃至于相知，继而合作。

4. 满足人的精神需求

在社会中生活，人的需求是多种多样的，既有包括物质在内的基本需求，也有精神层面的需求。交际礼仪在满足人们的精神需求方面有着独到的作用。

四、能力训练

1. 训练内容

接待工作。

2. 训练目的

通过训练，熟悉接待工作的基本原则、程序及一般要求，特别是国际会议的接待原则，并从中培养学生主动热情的工作意识、良好的自我形象塑造意识、周到细致的服务意识，提高服务的基本素质。

3. 训练方式

设置接待模拟情景，以 4~6 人为一组，分组对应训练。

4. 项目能力培养

服务质量完善意识（主动、热情、细致、周到）→自我形象塑造意识→公关与交际能力→会展服务能力。

5. 训练环节与对应能力训练

（1）准备工作

① 情景设置：接待室布置。

② 物质准备：茶水、介绍材料等。

对应能力训练：一般事务处理能力。

（2）人员组织

① 引导、服务、会见与会谈人员的安排。

② 礼仪及服务人员的形象设计（着装、举止、用语等）。

对应能力训练：组织能力及礼仪形象设计能力。

（3）接待实施

① 接待规范模拟训练：方位、方式、行为举止等。

② 会谈记录：小组分工、专人记录、内容完整。

对应能力训练：公关交际能力、服务礼仪与组织能力。

6. 学生结果性材料与成绩考核

① 策划接待方案一份，40%；

② 训练过程表现：根据学生自如、较自然、矜持、慌乱等不同表现情况分别打分，40%。

③ 实训报告，20%。

7. 实训课时

4课时（含策划方案）。

项目 2　会展工作人员的形象礼仪

模块 1　仪　　容

一、教学目标
1. 终极目标
了解仪容的概念，正确认识会展工作人员在仪容方面需注意的内容及要点。
2. 促成目标
具备修饰和美化自己仪容的基本技巧。

二、案例
1. 案例介绍
某集团公司的卫董事长要接受电视台的采访，为郑重起见，他事前特意向公司为自己特聘的个人形象顾问咨询。对方仅仅向卫董事长提出了一项建议：换一个较为儒雅而精神的发型，并且一定要剔去鬓角。果然，改换了发型后的卫董事长在电视上亮相时，形象焕然一新。他的形象使他显得十分精明能干，他的谈吐使他显得深刻而稳健，二者相辅相成，令电视观众为之倾倒。

2. 案例分析
在上面的例子中，卫董事长正是通过一定的修饰，使自己原来的形象变得更完美，更具有魅力，因而获得成功。可见，在社会交际活动中，一个人的仪容将给人留下非常深刻的印象，仪容不仅代表着外在形象，还体现着内在修养。

三、理论知识
仪容礼仪是会展工作人员形象礼仪的重要组成部分。仪容通常是指人的外观、外貌，如头发、面部、手等人体不着装的部位。在礼仪学上，仪容是指经过后天的修饰能够给别人良好感觉的容貌，是一种自觉的后天性行为。根据首轮效应原则，仪容是第一印象的重要部分，所以掌握准确的仪容礼仪对会展工作人员来说是非常重要的。

（一）头部修饰

对会展工作人员的头发，要求遵循"三不"原则，即不能有味、不能出绺、不能有头皮屑。男士发型以短为宜，男士头发要求：前发覆额，侧不掩耳，后不及领，面不留须。女士发型以短发为佳，体现干练一面，头发不宜遮脸，发长不宜过肩，刘海不宜过眉，长发不宜披散，可用深色发卡将长发挽束起来。

（二）面部修饰

面部修饰的重点在眼部、口部、鼻部和耳部，通过修饰，应使之整洁、卫生、简约、端庄。

1. 眼部修饰

"眼睛是心灵的窗户"，是人们首先要注意的部位，所以首先要保持眼部的清洁，及时除去眼角出现的分泌物。

注意眼镜的佩戴，一要注意眼镜的质量、度数、款式是否适合本人；二要注意保持眼镜的清洁，经常擦拭和清洗；三要注意在会议和展览的场合，工作人员不能戴墨镜（太阳镜）工作；四要注意即便是近视眼镜，镜框的款式和色彩也不能夸张，要选择让人看起来稳重的镜框。

2. 口部修饰

口部除了口腔之外，还包括它的周边地带。

口部修饰的首要任务是注意口腔卫生，坚持刷牙，防止产生异味。从卫生保健讲，刷牙最好要做到"三个三"，即每天刷三次，每次刷牙宜在饭后三分钟进行，每次刷牙用时三分钟。

会展工作人员工作前禁食容易产生异味的食物，如葱、蒜、韭、腐乳及烈酒等，也不要吸烟。必要时嚼口香糖、含茶叶以除异味，但不要在他人面前嚼口香糖，特别是与人交谈时，更不要嚼口香糖。

男士要剃须，这样显得既精明能干，又充满阳刚之气，"胡子拉碴"会影响与人的交往。

护唇，即呵护自己的嘴唇，防止嘴唇开裂、暴皮或生疮，还应避免唇边残留分泌物或其他异物。

3. 鼻部修饰

鼻部修饰主要是要保持鼻部清洁。注意清理鼻垢时应回避他人，不要当众擤鼻涕、挖鼻孔，或者乱抹、乱弹鼻垢。清理鼻垢宜用纸巾或手帕悄然进行。同时要注意及时修剪鼻毛。

4. 耳部修饰

修饰耳部主要是及时清除耳垢和修剪耳毛。

（三）化妆

化妆是修饰仪容的一种高级方法，它是采用化妆品按一定的技法对自己进行修饰、装扮，以便使自己容貌变得更加靓丽。在会展中，女性工作人员必须化妆，这既是自尊的表示，也意味着对交往对象较为重视。

在会展这样的场合对化妆的总体要求是：清淡自然，整体协调，增加美丽度，不过分引人注目。

化妆的礼仪与禁忌是：不当众化妆，不残妆示人，不非议他人的妆容，不借用他人的化妆品等。若需要化妆或补妆，一定要到洗手间去完成。

（四）肢体修饰

1. 上肢修饰

上肢即手臂，手被称为人的第二张脸，在社交活动过程中，无论是握手寒暄、递送名片、献茶敬烟，还是垂手恭立，手始终都处于醒目之处。在人际交往中，有一双清洁、柔软的手，能增添他人对你的好感。根据礼仪的需要，对手部应注意以下几点：

（1）勤剪指甲　勤剪指甲是讲究卫生的表现，因此要养成"三日一修剪，一日一检查"的良好习惯。

（2）不在指甲上涂饰彩妆　出于保护指甲的目的，可以使用无色和自然肉色指甲油，它能增强指甲的光洁度和色泽感。但若非专业的化妆品营销人员，一般不宜在手指甲上涂抹彩色指甲油。色彩过于鲜亮（如橘红、朱红等）或过于凝重（如黑色、灰色等）的指甲油对大多数职业女性是不适宜的。也不宜在手背、胳膊上使用贴饰、刺字或者刻画。

（3）不外露腋毛　在较为正式的场合，一般不要穿裸露肩部的上衣，即使有必要身穿无袖装时,也要先剃去腋毛,如让腋毛外露则极不雅观。

2. 下肢的清洁与装饰

在人际交往中,人们观察一个人常有"远看头,近看脚"的习惯。因此,对下肢也必须保洁与修饰,避免"凤凰头、扫帚脚"的上下不相称的弊病。

(1) 保持下肢的清洁　为此,一要勤洗脚。人的双脚不但易出汗,且易产生异味,必须坚持每天洗脚,而且对于趾甲、趾缝、脚跟、脚腕等处要面面俱到。二要勤换鞋袜。一般要每天换洗一次袜子,才能避免脚臭。还要注意尽量不穿不透气、吸湿性差、易产生异味的袜子。对于鞋子,也要注意勤换和清洗、晾晒。

(2) 下肢的适度掩饰

① 不裸脚。男性光脚,往往会令他人对其"飞毛腿"产生反感;女性光腿,则有卖弄性感之嫌。因此,要尽量少光腿穿鞋。

② 不赤脚。在比较正式的场合,不允许充当"赤脚大仙",也不宜赤脚穿鞋。这不仅是为了美观,而且是一种礼貌。

③ 不露趾、不显跟。在比较正式的场合,不能穿凉鞋和拖鞋,即使穿了袜子,露趾、显跟也有损自己的形象。

④ 勤剪脚趾甲并慎用彩妆。注意腿与脚的皮肤保养。夏天如穿裙子或短裤使双腿外露时,女士最好将腿毛去除,或穿上深色而不透明的袜子。

(五) 避免不雅行为

不在他人面前擤鼻涕、抠鼻孔、挖耳朵、搓泥垢、揩眼屎、剔牙齿、修指甲、打哈欠、搔痒或挠头摸脑、抖动腿脚等。咳嗽、打喷嚏时,应用手帕掩住口鼻,面向无人处,避免发出大声。

【补充资料】

职业男性仪容自检

① 头发是否干净,无头屑?
② 头发是否梳理得干净、整齐?
③ 头发的长度适合吗?
④ 是否染彩发?
⑤ 胡须刮干净了吗?
⑥ 牙齿每天刷3次了吗?
⑦ 口中有烟味、酒味、蒜味等异味吗?
⑧ 手及指甲干净吗?
⑨ 每天都洗澡吗?
⑩ 鼻毛修理干净了吗?

职业女性仪容自检

① 头发是否干净,无头屑?
② 头发是否梳理得干净、整齐?
③ 是否染过分鲜艳的彩发?
④ 头饰是否过于特别?
⑤ 牙齿每天刷3遍了吗?
⑥ 口中有烟味、酒味、蒜味等异味吗?

⑦ 手及指甲干净吗？
⑧ 是否涂了鲜艳的甲彩？
⑨ 化了淡妆吗？
⑩ 香水是否喷得太多？

四、能力训练

（一）案例分析

一天，黄先生与两位好友小聚，来到某知名酒店。接待他们的是一位五官清秀的服务员，接待服务工作做得很好，可是她面无血色，显得无精打采。黄先生一看到她就觉得心情欠佳，仔细留意才发现，这位服务员没有化工作淡妆，在餐厅昏黄的灯光下显得病态十足。上菜时，黄先生又突然看到传菜员涂的指甲油缺了一块，他的第一个反应就是"不知是不是掉进我的菜里了"。但为了不惊扰其他客人用餐，黄先生没有将他的怀疑说出来。用餐结束后，黄先生唤柜台内服务员结账，而服务员却一直对着反光玻璃墙面修饰自己的妆容，丝毫没注意到客人的需要。自此以后，黄先生再也没有去过这家酒店。

试析：
① 请指出案例中服务员在仪容上存在的问题。
② 本案例对你有哪些启示？

（二）女生练习化职业淡妆

① 净面　　　　　　　　　⑥ 画眼线
② 涂护肤霜　　　　　　　⑦ 涂眼影
③ 上粉底　　　　　　　　⑧ 上腮红
④ 扑蜜粉　　　　　　　　⑨ 画唇线
⑤ 描眉　　　　　　　　　⑩ 涂唇膏

模块 2　仪表礼仪

一、教学目标

1. 终极目标

熟悉并掌握服饰礼仪的基本原则及要求。

2. 促成目标

① 熟知男士穿西装的礼仪，并能综合运用到会展工作中。
② 熟知女士穿西装套裙的礼仪，并能综合运用到会展工作中。

二、案例

1. 案例介绍

美国著名服饰专家约翰曾经做过一项研究，他派属下去拜访100家公司，其中去50家穿便装，另外50家穿高档西装，而且约翰事先已经告诉这100家公司他的助理即将来访。到达后，助理们要求对方调出三份职员档案时，对于穿西装的助理而言，50家公司有42家公司在10分钟之内调出职员档案；对于穿便装的助理而言，50家公司仅有12家公司在10分钟之内调出职员档案。而在随后的与公司谈合作意向的试验中，穿西装的助理拿到30份意向书，穿便装的助理拿到5份意向书。

2. 案例分析

上面的案例说明，服饰是一种无声的语言，它显示着一个人的个性、身份、角色、涵养、阅历及其心理状态等多种信息。着装直接影响到别人对你的第一印象，关系到对你个人形象的评价，关系到对你所在的单位形象的评价，关系到对你所推介的产品形象的评价。

三、理论知识

仪表就是人的外表，仪表装饰有发式、首饰、胸饰、腰饰、服饰等。本模块主要讲会展工作人员的服饰礼仪。会展属于商务活动，除了在少数特殊场合外，绝大多数的会展场合要求工作人员着正装。

（一）服饰穿戴的礼仪原则

1. TPO 原则

T、P、O 分别是英语中 Time、Place、Object 三个单词的首字母缩写。"T"指时间，泛指早晚、季节、时代等；"P"代表地方、场所、位置、职位；"O"代表目的、目标、对象。TPO 原则是目前国际上公认的衣着标准。着装遵循了这个原则，就是合乎礼仪的。

2. 整体性原则

正确的着装，能起到修饰形体、容貌等作用，形成和谐的整体美。服饰的整体美构成，包括人的形体、内在气质和服饰的款式、色彩、质地、工艺及着装环境等。服饰美就是从这多种因素的和谐统一中显现出来的。

3. 个性化原则

着装的个性化原则，主要指依个人的性格、年龄、身材、爱好、职业等要素着装，力求反映一个人的个性特征。选择服装因人而异，着重点在于展示所长，遮掩所短，显现独特的个性魅力和最佳风貌。就会展服饰而言，可以根据会议和展览的特色，设计有特色的服装让工作人员穿上，往往会收到意想不到的效果。例如，在很多农产品博览会上，许多少数民族的展台上的工作人员穿着的服装是当地的民族服装，这样既醒目，又具有浓厚的地域风情。

4. 整洁原则

在任何情况下，服饰都应该是整洁的。衣服不能沾有污渍，不能有绽线的地方，更不能有破洞，扣子等配件应齐全，衣领和袖口处尤其要注意整洁。

（二）男士穿西服的礼仪

西服以其设计造型美观、线条简洁流畅、立体感强、适应性广泛等特点而越来越受到人们的青睐，几乎成为世界性通用的服装。穿着西装应遵循以下礼仪原则：

（1）西装的套件　西装有单件上装和套装之分。非正式场合，可穿单件上装配以各种西裤或牛仔裤等；半正式场合，应着套装，可视场合气氛在服装的色彩、图案上选择大胆些；正式场合，则必须穿颜色素雅的套装，以深色、单色为宜。对于会展人员，应着深色的套装以显庄重。

（2）衬衫　与西装配套的衬衫须挺括、整洁、无皱折，尤其是领口。衬衣袖子应以抬手时比西装衣袖长出 2 厘米左右为宜，领子应略高于西服领，下摆要塞进西裤。佩戴领带一定要扣好衬衫扣，领脖间不能存在空隙，如不系领带，可不扣领口。

（3）领带　领带必须打在硬领衬衫上，要与衬衫、西服和谐，其长度以到皮带扣处为宜。若内穿毛衣或毛背心等，领带必须置于毛衣或背心内，且西服下端不能露出领带头。领带夹是用来固定领带的，其位置不能太靠上，以衬衫的第 4 粒纽扣处为宜。

（4）西装的纽扣　西装有单排扣和双排扣之分。双排扣西装，一般要求将扣全部扣好；单排扣西装，三粒扣子的只系中间一粒，两粒扣子的只系上面的一粒或者全部不扣。

（5）西装的帕饰　西装的胸袋又称手帕兜，用来插装饰性手帕，也可空着。手帕须根据不同的场合折叠成各种形状，插于西装胸袋。

（6）其他方面　西装要干净、平整，裤子要熨出裤线。穿西装一定要穿皮鞋，且要上油擦亮，皮鞋的颜色要与西装相配套。穿皮鞋还要配上合适的袜子，使它在西装与皮鞋之间起到一种过渡作用。

（三）女士西装套裙礼仪

西装套裙简称套裙，是指上装穿西装，下装为开叉直筒裙的组合搭配方式，是女士在正式场合常穿的服装之一。它把潇洒、刚健的西装上衣和柔美、雅致的裙子组合到了一起，二者便刚柔相济、相得益彰、大放异彩，套裙也就因此而脱颖而出了。同样，着西装套裙也要把握着装规范。

1. 套裙的穿着注意事项

在穿着套裙时，必须注意以下五个方面：

第一，套裙应当大小适度。上衣的袖长以恰恰盖住着装者的手腕为好，上衣最短可以齐腰，裙子最长则可以达到小腿的中部；但是，在一般情况下，上衣不可以再短，裙子也不可以再长，否则，便会给人以勉强或者散漫的感觉。

第二，套裙应当穿着到位。上衣的领子要完全翻好，上衣的衣扣全部系上，衣袋的盖子要拉出来盖住衣袋；不允许将上衣披在身上，或者搭在身上；裙子要穿得端端正正，上下对齐之处务必好好对齐。

第三，套裙应当考虑场合。会展女工作人员在会展活动中，一般以穿着套裙为好，在涉外会展活动之中，则务必应当这样去做。除此之外，会展女工作人员在出席宴会、舞会、音乐会时，可酌情选择与此类场面相协调的礼服或时装。此刻依旧穿套裙，则会使自己与现场"格格不入"，并且还有可能影响到他人的情绪。

第四，套裙应当协调妆饰。在穿着套裙时，女士必须具有全局意识，将其与化妆、佩饰一道通盘加以考虑。就化妆而言，要求化淡妆。就佩饰而言，要求以少为宜，合乎身份。在工作岗位之上，可以不佩戴任何首饰。如果要佩戴的话，则至多不应当超过三种，每种也不宜多于两件。不仅如此，穿套裙的女士在佩戴首饰时，还必须兼顾自己的职业女性这一身份。按照惯例，此刻，不允许佩戴与个人身份有关的珠宝首饰，也不允许佩戴有可能过度地张扬自己的"女人味"的耳环、手镯、脚链等首饰。

第五，套裙应当兼顾举止。穿上套裙之后，站要站得又稳又正，不可以双腿叉开；就座务必注意姿态，切勿双腿分开过大，或是抬起一条腿来，脚尖抖动不已，更不可以脚尖挑鞋直晃，甚至当众脱下鞋来。由于裙摆所限，着套装者走路时不能够大步流星地奔向前去，而只宜以小碎步疾行。行进之中，步子以轻、稳为佳，不可走得"嗵嗵"直响。需要去取某物时，若其与自己相距较远，可请他人相助，千万不要逞强，尤其是不要踮起脚尖、伸直胳膊费力地去够，或是俯身、探头去拿，免得露出自己身上不该暴露的部位，甚至使套裙因此而訇然开裂。

2. 内衣的穿着注意事项

在内衣的穿着方面，必须注意如下四点：

第一，内衣一定要穿。

第二，内衣不宜外穿。

第三,内衣不准外露。

第四,内衣不准外透。

3. 鞋袜的穿着注意事项

在穿鞋袜时,必须注意如下五点:

第一,鞋袜应当大小相宜。鞋子大了不跟脚,并且会露出趾缝;袜子大了则会松松垮垮,甚至还会往下掉。

第二,鞋袜应当完好无损。鞋子如果开线、裂缝、掉漆、破残,袜子如果有洞、跳丝,均应立即更换,不要打了补丁再穿。

第三,鞋袜不可当众脱下。有些女士喜欢有空便脱下鞋子,或是处于半脱鞋状态。还有个别人经常将袜子褪下去一半,甚至当着外人的面脱去袜子。此类作法,都是极其有失身份的。

第四,袜子不可随意乱穿。不允许同时穿两双袜子,也不许将健美裤、九分裤等裤装当成袜子来穿。

第五,袜口不可暴露于外。袜口,即袜子的上端,将其暴露在外,是一种公认的既缺乏服饰品位又失礼的表现。女士不仅穿套裙时应自觉避免此情形的发生,而且还应当在穿开衩裙时注意,即使在走动之时,也不应当让袜口偶尔现于裙衩之处。

第六,与套裙配套的鞋子,宜为高跟、半高跟的船式皮鞋或盖式皮鞋,系带式皮鞋、丁字式皮鞋、皮靴、皮凉鞋等,都不宜采用。高筒袜与连裤袜应与套裙的标准搭配,中筒袜、低筒袜绝对不宜与套裙同时穿着。

四、能力训练

(一) 案例分析

郑小姐在一家国内的公司里工作。有一回,上级派她代表公司,前往南方某城市,去参加一个大型的外贸商品洽谈会。为了给外商留下良好印象,郑小姐在洽谈会上专门穿上了一件粉色的上衣和一条蓝色的裙裤。然而,正是她新置的这身服装,使不少外商对她敬而远之,甚至连跟她正面接触一下都很不情愿。

试析外商对郑小姐敬而远之的原因。

(二) 男士练习打领带

(三) 职业着装检测

检测项目	检测内容	分 值	实际得分
1	现在穿的制服是否干净?	10	
	现在穿的制服是否熨烫过?		
2	上下身的颜色是否搭配?	10	
3	衬衫的领子和袖口是否干净?	10	
4	领带是否系好?	10	
5	口袋里是否放了很多东西?	10	
6	佩戴的饰物是否过多过艳?	10	
7	裙子是否过长或过短?	10	
8	袜子是否肮脏?	10	
	袜子是否有破洞?		
	袜子的颜色是否合适?		
9	鞋子是否配套?	10	
10	佩戴的胸牌是否在规定位置?	10	

模块 3　仪态礼仪

一、教学目标

1. 终极目标

熟悉并掌握仪态礼仪的基本原则及要求。

2. 促成目标

熟知仪态礼仪的基本原则及要求,并能综合运用到实际工作中。

二、案例

1. 案例介绍

曾任美国总统的老布什,能够坐上总统的宝座,成为美国"第一公民",与他的仪态表现分不开。在 1988 年的总统选举中,一开始,布什落后于竞选对手,支持率低。原因之一是布什的演讲不太好,嗓音又尖又细,手势及手臂动作总显得死板,身体动作不美观。后来,布什接受了专家的指导,纠正了尖细的嗓音、生硬的手势和不够灵活的摆动手臂的动作,结果拥有了新颖独特的魅力。在以后的竞选中,布什创造了奇迹,改变了原来人们对他的评价,最终赢得大选。

2. 案例分析

上面的案例说明,仪态是反映一个人涵养的一面镜子,也是构成一个人外在美的主要因素,不同的仪态显示人们不同的精神状态和文化教养,传递不同的信息。在人际交往中,人们除了用语言表达思想感情以外,还常常用身体姿态表现内心活动,用优美的姿态表达礼仪比用语言更让受礼者感到真实、美好和生动。

三、理论知识

仪态礼仪指的是一个人的举止和表情礼仪。举止落落大方,动作合乎规范,是个人礼仪方面最基本的要求,它包括举止规范(就座、站立、行走与手势)和表情规范(微笑、视线)。

（一）标准站姿

1. 男士

① 双眼平视前方,下颌微微内收,颈部挺直。

② 双肩自然放松、端平且收腹挺胸,但不显僵硬。

③ 双臂自然下垂,处于身体两侧,右手轻握左手的腕部,左手握拳,放在小腹前,或者置于身后。

④ 脚跟并拢,脚呈"V"字形分开,两脚尖间距约一个拳头的宽度;或双脚平行分开,与肩同宽。

2. 女士

① 头部抬起,面部朝向正前方,双眼平视,下颌微微内收,颈部挺直。

② 双肩自然放下、端平且收腹挺胸,但不显僵硬。

③ 双臂自然下垂,处于身体两侧,将双手自然叠放于小腹前,右手叠加在左手上。

④ 两腿并拢,两脚呈"丁"字形(或并立)站立。

3. 站立服务时的姿态要求

服务中在站立时间较长的情况下,为缓解疲劳可以采用一些变化的站姿,但在变化中力求姿态优雅，勿给人以懒散的感觉。具体要求是：可将身体的重心向左腿或右腿转移，让另一条腿放松休息。但如有客户走近，应立即恢复标准站姿。

（二）标准坐姿

1. 男士

① 头部挺直，双目平视，下颌内收。
② 身体端正，两肩放松，勿倚靠座椅的背部。
③ 挺胸收腹，上身微微前倾。
④ 采用中坐姿势：坐椅面2/3左右。
⑤ 日常手的姿势：自然放在双膝上或椅子扶手上。
⑥ 桌面手的姿势：双手自然交叠，将腕到肘部的2/3处轻放在桌面上。
⑦ 腿的姿势：双腿可并拢，也可分开，但分开间距不得超过肩宽。

2. 女士

① 头部挺直，双目平视，下颌内收。
② 身体端正，两肩放松，勿倚靠座椅的背部。
③ 挺胸收腹，上身微微前倾。
④ 采用中坐姿势，坐时占椅面2/3的面积。
⑤ 日常手的姿势：自然放在双膝上或椅子扶手上。
⑥ 桌面手的姿势：双手自然交叠，将腕至肘部的2/3处轻放在桌面上。
⑦ 腿的姿势：双腿靠紧并垂直于地面，也可将双腿稍稍斜侧调整姿势。

3. 男女入座姿态规范

① 入座时双脚与肩同宽并行，同时尽量轻稳，避免座椅乱响，噪声扰人。
② 女士在入座时应右手按住衣服前角，左手抚平后裙摆，缓缓坐下。
③ 女士如因坐立时间长而感到有所疲劳时，可以变换腿部姿势，即在标准坐姿的基础上，双腿可向右或向左自然倾斜。

4. 离座姿态规范

① 离座时，身旁如有人在座，须以语言或动作向其先示意，随后方可站起身来。起身离座时，最好动作轻缓，无声无息。
② 离开座椅后，要先站定，方可离去。

5. 坐姿禁忌

① 切忌坐在椅子上转动或移动椅子的位置。
② 尽量不要叠腿，更不要采用"4"字形的叠腿方式。
③ 在座椅上，切忌大幅度双腿叉开，或将双腿伸在老远，更不得将脚藏在座椅下或用脚钩住椅子的腿。

6. 坐姿服务

空闲等候时采用标准坐姿等候客户的到来。如果等候的时间较长，可侧身面向电脑，目光注视电脑屏幕，利用空闲时间学习公司业务知识，当客户进入你的视线时再调整坐姿。接听电话用左手，右手做记录，应答时要微笑。

（三）标准行姿

1. 男士

① 方向明确。

② 身体协调，姿势稳健。
③ 步伐从容，步态平衡，步幅适中，步速均匀，走成直线。
④ 双臂自然摆动，挺胸抬头，目视前方。

2. 女士
① 方向明确。
② 身体协调，姿势优美。
③ 步伐从容，步态平衡，步幅适中，步速均匀，走成直线。
④ 双臂自然摆动，挺胸抬头，目视前方。

3. 行进指引时的姿态规范
行进指引是在行进之中带领、引导客户。
① 请客户开始行进时，应面向客户稍许欠身。
② 若双方并排行进时，服务人员应居于左侧。
③ 若双方单行行进时，服务人员应居于左前方约1米左右的位置。
④ 在陪同引导客户时，服务人员行进的速度须与客户相协调。
⑤ 及时地关照提醒。经过拐角或楼梯之处时，须关照提醒客户留意；进出电梯时，应用一只手按住电梯门。
⑥ 在行进中与客户交谈或答复其提问时，应将头部、上身转向客户。

（四）标准手势

1. 直臂式动作要求
① 手指：伸直并拢。
② 手与前臂是一条直线。
③ 肘关节自然弯曲。
④ 掌心向斜上方。

2. 曲臂式动作要求
① 右手示意左上方。
② 掌心向上。
③ 上身微微前倾。
④ 眼睛注视对方。

3. 横摆式动作要求
① 横摆臂式：手臂经体前→斜前方45°→齐腰处。
② 手势不能过大，视场合而定。
③ 运用手势要有前摆的过程。
④ 注意与面部表情和其他身体部分的动作配合。

（五）会展流程中形体礼仪要求

1. 迎接客户
① 上岗期间应做到仪容端庄，精神饱满，姿势规范，仪态大方。
② 在迎接客户时应采用标准站姿，目光平视前方，面带微笑。
③ 当客户走入营业厅距离自己1.2米左右时应用亲切的目光和灿烂的笑容道出欢迎语："您好，欢迎光临。"

2. 室内接待、服务礼仪

（1）起立迎接客户。

（2）互相介绍。

（3）握手。

（4）互换名片。

（5）请客户入座。请客户入座时，应同时用手示意（手掌向上）。

（6）端茶　要用双手为客户端茶（注意不要把水洒出），在说"请用茶"时，同时用手示意。

（7）沟通　与客户沟通时，注意力要集中，眼睛要注视客户，不要打断客户说话。

（8）递物　递物给客户，上身前倾，手背微弯，双眼注视客户。

（9）送客　送客户时，至少送客户到办公室门口。

（六）微笑

微笑是人们对某种事物给予肯定以后的内在心理历程，是人们对美好事物表达愉悦情感的心灵外露和积极情绪的展现。微笑可以表现出对他人的理解、关心和爱，是礼貌与修养的外在表现和谦恭、友善、含蓄及自信的反映。微笑要诚恳和发自内心，通常，微笑露出 6～8 颗牙齿。

（七）眼神

心理学家认为，最能准确表达人的感情和内心活动的是眼睛和眼神。通过眼睛和眼神，完全可以来判断他人，因为眼神反映着他的性格和内心动向。在交际中，要注意注视对方的时间、位置，讲究眼神的礼仪规范。

1. 注视的时间

与他人交谈时，不可长时间地凝视对方。一般情况下，眼睛有 50% 的时间注视对方，另外 50% 的时间注视对方脸部以外的 5～10cm 处。对东方人，也只可 1/3 时间注视对方，自始至终地注视对方是不礼貌的。在社交场合，无意与别人的目光相遇时，不要马上移开，应自然对视 1～2s，然后慢慢离开。与异性目光对视时，不可超过 2s，否则将引起对方无端的猜测。必须根据所观看的对象和场合把握好注视的时间。

2. 注视的位置

与人交谈时，目光应该注视着对方，但应使目光局限于上至对方额头、下至对方衬衣的第二粒纽扣，左右两肩为准的方框中，一般有 3 种注视方式。

一是公务注视。一般用于洽谈、磋商等场合，注视的位置在对方的双眼与额头之间的三角区域内。

二是社交注视。一般在社交场合，如舞会、酒会上使用，位置在对方的双眼与嘴唇之间的三角区域内。

三是亲密注视。一般在亲人、恋人、家庭成员等亲近人员之间使用，注视的位置在对方的双眼和胸部之间。

四、能力训练

（一）案例分析

有一位美国华桥到国内洽谈合资业务，洽谈了好几次，最后一次来之前，他曾对朋友说："这是我最后一次洽谈了，我要跟他们的最高领导谈，谈得好，就可以拍板。"过了两个星期，他又回到了美国，朋友问："谈成了吗？"他说："没谈成。"朋友问其原因，他回答："对方很有诚意，进行得也很好，就是跟我谈判的这个领导坐在我的对面，当他跟我谈判时，不时地抖着他的双腿,我觉得还没有跟他合作,我的财都被他抖掉了。"

试析这次生意没有谈成的原因。

(二) 手势训练

1. "三位"手势训练

(1) 高位手势

(2) 中位手势

(3) 低位手势

2. 情景模拟

(1) 向客户介绍产品　五指并拢,用手掌指向商品,面带微笑,视线按"客户—商品—客户"的顺序移动,配合语言介绍。

(2) 向客户收取费用　立正站好,问候客户,面带微笑,注视客户。用双手接过、递回钱物,明确回答:"谢谢,收了您×××钱(找回您×××钱)"。视线按"客户—钱物—客户"的顺序移动。

(三) 站姿、坐姿、走姿、蹲姿训练

(1) 站姿　可用顶书法、贴墙法在老师带领下按照站姿的动作要领进行练习。

(2) 坐姿　分组练习各种坐姿,纠正不良坐姿,练习入座和离座。

(3) 走姿　可每四人一组在全班同学前走,找出缺点。

(4) 蹲姿　面向不同方向,练习正确蹲姿。

(四) 综合训练与测试

四人为一组,身着职业服装,综合展示10个规范礼仪动作,时间3分钟左右。

序号	考核项目	考核内容	分　值	实际得分
1	站姿	标准式、前搭式、背手式	10	
2	坐姿	至少变换四种坐姿	10	
3	行姿	动作规范、优美	10	
4	蹲姿	高低式蹲姿	10	
5	微笑和眼神	三度微笑、眼神柔和	10	
6	挥手和点头	动作准确规范	10	
7	鞠躬	15°、30°、45°鞠躬礼	10	
8	手势	低位手、中位手、高位手	10	
9	握手礼	握手动作准确、自然大方	10	
10	介绍与名片	仪态端正,手势正确,介绍的次序,准确递、接动作标准	10	

项目3　会展工作人员的日常交际礼仪

模块1　称呼礼仪

一、教学目标

1. 终极目标

熟悉并掌握称呼礼仪的基本要求和方法。

2. 促成目标

能熟练并正确运用基本的礼貌用语，具备在不同的场合与人交往的基本素质。

二、案例

1. 案例介绍

有一位先生为一位外国朋友订做生日蛋糕，他来到一家酒店的餐厅，对服务小姐说："小姐，您好！我要为我的一位外国朋友订一份生日蛋糕，同时打一份贺卡，你看可以吗？"小姐接过订单一看，忙说："对不起，请问先生，您的朋友是小姐还是太太？"这位先生也不清楚这位外国朋友结婚没有，从来没有打听过，他为难地抓了抓后脑勺想想说："小姐？太太？一大把岁数了，太太。"生日蛋糕做好后，服务员小姐按地址到酒店客房送生日蛋糕，敲门，一女子开门，服务员小姐有礼貌地说："请问，您是怀特太太吗？"女子愣了愣，不高兴地说："错了！"服务员小姐丈二和尚摸不着头脑，抬头看看门牌号，再回去打个电话问那位先生，没错，房间号码没错。再敲一遍，开门，"没错，怀特太太，这是您的蛋糕。"那女子大声说："告诉你错了，这里只有怀特小姐，没有怀特太太。""啪"一声，门被大力关上，蛋糕掉地。

2. 案例分析

这个故事就是因为错误的称呼所造成的。在西方，特别是女子，很重视正确的称呼，如果搞错了，引起对方的不快，往往好事就变成坏事。所以我们在会展工作中要注意称呼礼仪。

三、理论知识

称呼指的是人们在日常交往应酬之中，所采用的彼此之间的称谓语。在人际交往中，选择正确、适当的称呼，反映着自身的教养、对对方尊敬的程度，甚至还体现着双方关系发展所达到的程度和社会风尚，因此对它不能随便乱用。

（一）称呼的方法

1. 职务性称呼

以交往对象的职务相称，以示身份有别、敬意有加，这是一种最常见的称呼。有三种情况：称职务、在职务前加上姓氏、在职务前加上姓名（适用于极其正式的场合）。

2. 职称性称呼

对于具有职称者，尤其是具有高级、中级职称者，在工作中直接以其职称相称。有三种情况：称职称、在职称前加上姓氏、在职称前加上姓名（适用于十分正式的场合）。

3. 行业性称呼

在工作中，有时可按行业进行称呼。有两种情况：直接称呼对方的职业（如老师、医生、会计、律师等），也可以在职业前加上姓氏、姓名。

4. 性别性称呼

一般约定俗成地按性别的不同分别称呼"小姐"、"女士"或"先生"。"小姐"是称未婚女性，"女士"是称已婚女性。

5. 姓名性称呼

在工作岗位上称呼姓名，一般限于同事、熟人之间。有三种情况：①可以直呼其名；②只呼其姓，要在姓前加上"老、大、小"等前缀；③只称其名，不呼其姓，通常限于同性之间，尤其是上司称呼下级、长辈称呼晚辈，在亲友、同学、邻里之间，也可使用这种称呼。

（二）正确、适当的称呼

正确、适当的称呼不仅反映着自身的教养、对对方尊重的程度，甚至还体现着双方关系达到的程度和社会风尚。务必注意两点：一是要合乎常规；二是要入乡随俗。另外，还应对生活中的称呼、工作中的称呼、外交中的称呼、称呼的禁忌细心掌握，认真区别。

① 生活中的称呼应当亲切、自然、准确、合理。

② 在工作岗位上，人们彼此之间的称呼是有特殊性的，要求庄重、正式、规范。以交往对象的职务、职称相称，是一种最常见的称呼方法，比如张经理、李局长。

③ 在国际交往中，因为国情、民族、宗教、文化背景的不同，称呼就显得千差万别。因此要做到：一是要掌握一般性规律；二是要注意国别差异。

④ 在政务交往中，常见的称呼除"先生"、"小姐"、"女士"外，还有两种方法：一是称呼职务（对军界人士，可以以军衔相称）；二是对地位较高的称呼"阁下"。而教授、法官、律师、医生、博士，因为他们在社会中很受尊重，可以直接作为称呼。

⑤ 在英国、美国、加拿大、澳大利亚、新西兰等讲英语的国家里，姓名一般由两个部分构成，通常名字在前，姓氏在后。对于关系密切的，不论辈分，可以直呼其名而不称姓。

⑥ 俄罗斯人的姓名有本名、父名和姓氏三个部分。妇女的姓名婚前使用父姓，婚后用夫姓，本名和父名通常不变。

⑦ 日本人的姓名排列和我们一样，不同的是姓名字数较多。日本妇女婚前使用父姓，婚后使用夫姓，本名不变。

（三）称呼的五个禁忌

1. 错误的称呼

常见的错误称呼无非就是误读或是误会。

误读也就是念错姓名。为了避免这种情况的发生，对于不认识的字，事先要有所准备；如果是临时遇到，就要谦虚请教。

误会，主要是对被称呼的年纪、辈分、婚否以及与其他人的关系作出了错误判断。比如，将未婚妇女称为"夫人"就属于误会。相对年轻的女性，都可以称为"小姐"，这样对方也乐意听。

2. 使用不通行的称呼

有些称呼具有一定的地域性。比如山东人喜欢称呼"伙计"，但南方人听来"伙计"肯定是"打工仔"。

3. 使用不当的称呼

工人可以称呼为"师傅"，道士、和尚、尼姑可以称为"出家人"，但如果用这些来称呼其他人，会让对方产生自己被贬低的感觉。

4. 使用庸俗的称呼

有些称呼在正式场合不适合使用，例如"兄弟"、"哥们儿"等类的称呼，虽然听起来亲切，但显得档次不高。

5. 称呼外号

对于关系一般的，不要自作主张给对方起外号，更不能用道听途说来的外号去称呼对方，也不能随便拿别人的姓名乱开玩笑。

（四）怎样避免称呼的"张冠李戴"

在企业家的交际活动中，特别是在一些慰问、会客、迎送等接触不多而时间又比较短暂的场合中，容易发生把称呼弄错的情况，这样不仅失礼、令人尴尬，有时还会影响交际效果。如何避免张冠李戴呢？

1. 事先要有充分的准备

交际刚开始时，一般双方都要互相介绍，但比较简略，速度也快，印象难以深刻。因此事先要对会见对象的单位、姓名、职务、人物特征有个初步的了解，做到心中有数。这样，经过介绍后，印象就比较深刻。必要时，在入室落座或会谈、就餐前，再做一次详细介绍，有条件的，交换名片则更理想。

2. 注意观察对方的特征，掌握记忆方法

介绍时，要留意观察被介绍者的服饰、体态、语调、动作等，特别注意突出特征或个性特征。对统一着装的人，要格外注意观察高、矮、胖、瘦、脸形、戴不戴眼镜等。

3. 注意掌握主要人物

在人员较多，一下子难以全部记住时，要首先注意了解和熟悉主要对象（带队的负责人）和与自己对等的对象（指单位、所从事的业务、职务、级别与自己相同者）。现在，一般都不太讲究主客、主从关系的礼节，单从行止、座位的位置上判断是不准确的。如有的人把来客中的司机当成了经理，弄得经理很难堪。

四、能力训练——案例分析

（一）案例1

某饭店经理有事外出，由秘书张小姐代接电话。正好此时经理办公室电话响了，张小姐拿起话筒说："你是谁呀？我们经理不在。"过会儿此人又打电话过来，张小姐就不耐烦地说："不是告诉你了，经理不在！"

试分析张小姐的做法对吗？该如何体现礼貌用语呢？

（二）案例2

某客人进入一写字间，问张小姐："唉，这是东海公司吗？"张小姐不理，转身说："大哥大姐，我跟你们说……"

试分析张小姐的做法对吗？该如何体现礼貌用语呢？

模块2 介绍礼仪

一、教学目标

1. 终极目标

熟悉并掌握介绍礼仪的基本要求和方法。

2. 促成目标

能熟练并正确运用介绍礼仪，具备在不同的场合与人交往的基本素质。

二、案例

1. 案例介绍

A 公司王经理到 B 公司拜访该公司的李总裁，B 公司的秘书小周负责接待，王经理和李总裁互不认识，于是秘书小周先把王经理介绍给李总裁，然后再把李总裁介绍给王经理，结果引起王经理不悦。

2. 案例分析

案例中秘书小周不知道介绍礼仪的知识，具体地说，就是要以客为尊，先将自己的同仁介绍给客户认识。所以，小周应该首先把公司的人员介绍给王经理，她应该先说："王经理，给您介绍一下，这位是我们公司的李总裁。"然后再说："李总裁，这位是某某公司的王经理。"

三、理论知识

介绍是社交场合中相互了解的基本方式，无论是自我介绍还是为他人介绍，正确地运用介绍的礼节，会使对方对你产生良好的"第一印象"。其中自我介绍是在没有中介人的情况下，树立自己形象，与他人结识的方法。

（一）自我介绍

自我介绍时，本人要镇定、充满信心，还要注意微笑要亲切自然，眼神要友善，先向对方点头致意，得到回应后，向对方介绍自己的姓名、身份、单位。自我介绍要根据交往目的来决定介绍内容的繁简，以及运用何种介绍语言和方法。例如聚会等社交活动中，你想多结识些周围的朋友，最好的办法是作自我介绍，找到合适的机会，向对方点头致意，并介绍自己说："我叫××，认识您很高兴。"

有时，如果不了解对方是否愿意认识你，你不妨先请问对方的尊姓大名，如对方立即回答了，说明愿意与你交往。此时，你便马上介绍自己，以使交往顺利进行下去。

如去陌生的地方联系事情，自我介绍的内容就要丰富些，使对方对你此行有较清楚的了解。

面对不同的交往对象，自我介绍的语气和方式也有所不同。在长者和尊者面前，语气应谦恭；在平辈和同事面前，语气应明快、简洁。

（二）介绍他人

为他人介绍，要先了解双方是否有结识的愿望，不要贸然行事。如对方同意，那么再正式介绍。为他人作介绍时，应遵循"位尊者有优先知情权"的原则。介绍时，中介人应有礼貌地以手示意，四指并拢，拇指自然张开，指向被介绍的一方，还要注意不能背对任何一位，同时眼睛要看着要告知的人。介绍用语，通常可用"请允许我向您介绍一下"，接着再介绍双方。介绍时要面带微笑，口齿伶俐，清楚地说出完整的介绍语，有时还可以用些定语或形容词，或介绍些兴趣爱好等，为双方提供说话的由头。

四、能力训练

（一）案例分析

分析下列为他人介绍事例。

① "这位是×××公司的人力资源部张经理,他可是实权派,路子宽,朋友多,需要帮忙可以找他"。

② 约翰·梅森·布朗是一位作家兼演说家。一次他应邀去参加一个会议并进行演讲。演讲开始前,会议主持人将布朗先生介绍给观众,下面是主持人的介绍语:女士们、先生们,请注意了。今天晚上我给你们带来了不好的消息,我们本想要求伊塞卡·马克森来给我们讲话,但他来不了,病了。(下面嘘声)后来我们要求参议员布莱德里奇前来,可他太忙了。(嘘声)最后,我们试图请堪萨斯城的罗伊·格罗根博士,也没有成功。(嘘声)所以,结果我们请到了约翰·梅森·布朗。(掌声)

③ 我给各位介绍一下:这小子是我的铁哥们儿,开小车的,我们管他叫"黑蛋"。

讨论题:

① 以上介绍各存在什么问题?

② 在交际场合中进行介绍应注意哪些规范?

(二)情景模拟

××公司的分公司经理张经理(女性)去总公司找李副总裁汇报此次产品展览会的准备情况,李副总裁的秘书负责接待,请问秘书应该怎样为二者作介绍?

模块3 握手礼仪

一、教学目标

1. 终极目标

熟悉并掌握握手礼仪的基本要求和方法。

2. 促成目标

能熟练并正确运用握手礼仪,具备在不同的场合与人交往的基本素质。

二、案例

1. 案例介绍

张女士是商务工作者,由于业务成绩出色,随团到中东地区某国家考察。抵达目的地后,受到东道主的热情接待,一向习惯于"左撇子"的张女士不假思索,便伸出左手去同东道主握手,主人见此情景脸色骤变,不再理睬张女士。这是为什么?

2. 案例分析

与别人握手时应用右手,尤其是在中东地区。

三、理论知识

(一)握手的礼仪

1. 神态

应面带微笑,目视对方,握手时要寒暄。

2. 手位

用右手,把手掌伸开,四指并拢,握住对方。

3. 力度

力度要根据具体情况而定,一般情况下,不轻不重让对方觉得贴着手就可以了。如果握住太紧,力度太大,时间又长,会使人觉得不自然,尤其与女性握手时,不要过分用力。但是如果你只用手指轻轻碰对方手一下,则又显得太敷衍。在美国、日本等国家,轻轻无力的握手常被人理解为无诚意,尤其与政界人士打交道时,要特别注意这一点。

4. 时间

初次见面的朋友,稍微一握,两三秒钟也就可以了。

5. 顺序

一般是先上后下,先长后幼,先女后男。具体来说:在上下级之间,一般由上级先伸手;在长辈与晚辈之间,一般由长辈先伸手;在男女之间,一般由女士先伸手。宾主之间的握手较为特殊,正确的做法是来宾抵达时,主人应首先伸手,以示欢迎;来宾告辞时,则应由来宾首先伸手握别,以示请主人就此留步。

(二)注意事项

其一,多人见面时应避免交叉握手,如果几个人同时在场,忌同其中一个握手,而对其他人视而不见。

其二,不要用左手与他人握手,尤其在与阿拉伯人、印度人打交道时要牢记,因为在他们看来左手是不清洁的。

其三,不要在握手时戴着墨镜、手套。女士在社交场合带着薄纱手套与人握手是允许的,患有眼疾者可以戴墨镜。

其四,用双手与人握手只有在熟人之间才适用;与初识之人握手,尤其当对方是一位异性时,两手紧握对方的一只手,有失礼貌。

其五,不以脏手、湿手、病手与人相握。

其六,不要拒绝与他人握手。在任何情况下,都不允许这么做。

四、能力训练——情景模拟

① 客人到单位了,请问主人和客人应谁先伸手握手?

② 会谈结束,客人要告辞,请问主人和客人应谁先伸手握手?

模块4 交谈礼仪

一、教学目标

1. 终极目标

熟悉并掌握交谈礼仪的基本要求和方法。

2. 促成目标

能熟练并正确运用交谈礼仪,具备在不同的场合与人交往的基本素质。

二、案例

1. 案例介绍

一位顾客刚走进一家电器商店,一位售货员马上热情地迎了上来,满脸职业微笑,主动介绍这种新产品。他的介绍很在行、很流畅,从性能的优势到结构的特点,从价格比到售后服务,一一道来,并进行了演示。可是他连珠炮似地讲着,顾客总也插不上嘴,而售货员却不管顾客懂不懂,也不管顾客的反应如何,只顾叠叠不休地讲着,似乎顾客不掏钱包他绝不罢休。结果顾客忍受不了他的聒噪,赶紧离开了。

2. 案例分析

本案例中销售人员的销售失败在于不懂得与客人沟通,他的夸夸其谈反而使顾客没有购买的欲望,这正是交谈时沟通不当的缘故。

三、理论知识

交谈是建立良好人际关系的重要途径,是连接人与人之间思想感情的桥梁,是增进友谊、加强团结的一种动力。"良言一句三冬暖,恶语伤人六月寒",说明交谈在交往中是举足轻重的。

（一）交谈的规范

(1) 真诚坦率原则　交谈双方态度要认真、诚恳,有了直率诚笃,才能有融洽的交谈环境,才能奠定交谈成功的基础。

(2) 互相尊重原则　交谈双方无论地位高低、年纪大小、长辈晚辈,在人格上都是平等的,切不可盛气凌人、自以为是或唯我独尊。所以,谈话时,要把对方作为平等的交流对象,在心理上、用词上及语调上,体现出对对方的尊重。尽量使用礼貌语,谈到自己时要谦虚,谈到对方时要尊重。

（二）交谈的技巧

(1) 言之有物　交谈要有观点、有内容、有内涵、有思想。在交谈时,要明确地把话说出来,将所要传递的信息准确地输送到对方的大脑里,正确反映客观事物,恰当地揭示客观事理,贴切地表达思想感情。

(2) 言之有序　即根据讲话的主题和中心设计讲话的次序,安排讲话的层次,即交谈要有逻辑性、科学性。

(3) 言之有礼　讲话者,态度要谦逊,语气要友好,内容要适宜,语言要文明;听话者,要认真倾听,不要做其他事情。这样就会形成一个信任、亲切且友善的交谈气氛,为交谈获得成功奠定基础。

（三）交谈的礼节

谈话的表情要自然,语言和气亲切,表达得体。说话时可适当做些手势,但动作不要过大,更不要手舞足蹈。谈话时切忌唾沫四溅。参加别人谈话要先打招呼。别人在个别谈话,不要凑前旁听。若有事需与某人说话,应待别人说完。第三者参与谈话,应以握手、点头或微笑表示欢迎。谈话中遇有急事需要处理或离开,应向谈话对方打招呼,表示歉意。

一般不要涉及疾病、死亡等事情,不谈一些荒诞离奇、耸人听闻、黄色淫秽的事情。一般不询问妇女的年龄、婚否,不询问对方履历、工资收入、家庭财产、衣饰价格等私人生活方面的问题。与妇女谈话不说对方长得胖、身体壮、保养得好之类的话。对方不愿回答的问题不要追问,对方反感的问题应表示歉意,或立即转移话题。一般谈话不批评长辈、身份高的人员,不议论东道国的内政,不讥笑、讽刺他人,也不要随便议论宗教问题。

谈话中要使用礼貌语言,例如：您好、请、谢谢、对不起、打扰了、再见等。一般见面时先说："早安"、"晚安"、"你好"、"身体好吗?"、"夫人（丈夫）好吗?"、"孩子们都好吗?"对新结识的人常问："你这是第一次来我国吗?"、"到我国来多久了?"、"这是你在国外第一次任职吗?"、"你喜欢这里的风景吗?"、"你喜欢我们的城市吗?"分别时常说："很高兴与你相识,希望再有见面的机会。"、"再见,祝你周末愉快!"、"晚安,请向朋友们致意!"、"请代问全家好!"等。

（四）交谈常用的谦敬语

1. 谦敬称呼用语

称呼尊长——老先生、老同志、老师傅、老领导、老首长、老伯、大叔、大娘等。

称呼平辈——老兄、老弟、先生、女士、小姐、贤弟、贤妹等。
自谦——鄙人、在下、愚兄、晚生等。

2. 事物谦敬用语
称姓名——贵姓、尊姓大名、尊讳、芳名（对女性）等。
称年龄——高寿（对老人）、贵庚、尊庚、芳龄（对女性）等。
称住处——府上、尊寓、尊府等。
见解——高见、高论等。
身体——贵体、玉体等。

3. 自谦辞
称姓名——草字、敝姓等。
称朋友——敝友等。
称住处——寒舍、舍下、蓬荜等。
称见解——愚见、拙见等。
称年龄——虚度××。

4. 谦敬祈使用语
请人提供方便、帮助——借光、劳驾、有劳、劳神、费心、操心等。
托人办事——拜托。
麻烦或打断别人——打扰。
求人解答——请问。
劝告别人——奉劝。
请别人参观——大驾光临、欢迎光临、恭候光临等。
请别人不要送——请留步。
请别人提意见——请指教、请赐教。
请别人原谅——请包涵、请海涵。

5. 谦敬欢迎用语
欢迎顾客——欢迎光顾、敬请惠顾。
欢迎客人——欢迎光临。
初次见面——久仰、久仰大名。
许多时未见——久违。
访问——拜访、拜望、拜见、拜谒等。
没有亲自迎接——失迎、有失远迎。
自责不周——失敬。
拜别——告辞、拜辞。
送别——请留步、请回、不必远送。
中途辞别——失陪。

6. 其他谦敬用语
归还东西——奉还。
赠送东西——奉送。
陪伴——奉陪。
祝贺——恭贺。

请对方宽容——恕……

以上谦敬语，比较固定而且常用。使用时，要感情真挚，发自内心，再辅以表情、眼神和手势，以增强表现力，发挥更大的感染力量。

（五）交谈时的礼貌用语

问候礼貌用语——您好、早安、午安、晚安。

告别礼貌用语——再见、晚安、祝您愉快、祝您一路平安。

应答礼貌用语——不必客气、没关系、这是我应该做的、非常感谢、谢谢您的好意。

表示道歉的礼貌用语——请原谅、打扰了、失礼了、实在对不起、是我的错、对不起、请不要介意。

四、能力训练——案例分析

众多的宾客在恭维台湾吴老先生来大陆投资，吴老先生神采飞扬，高兴地应承着这些祝贺的话。宾主频频碰杯，服务小姐忙进忙出，热情服务。

不料，过于周到的服务小姐偶一不慎，将桌上的一双筷子拂落在地。"对不起!"小姐忙道歉，随手从邻桌上拿过一双筷子，褪去纸包，搁在老先生的台上。

吴老先生的脸上顿时多云转阴，煞是难看，默默地注视着服务小姐的一连贯动作，刚举起的酒杯一直停留在胸前。众人看到这里，纷纷帮腔，指责服务小姐。

小姐很窘，一时不知所措。

吴老先生终于从牙缝里挤出了话："晦气!"顿了顿，"唉，你怎么这么不当心，你知道吗？这筷子落地意味着什么？"边说边瞪大眼睛，"落地即落第，考试落第，名落孙山，倒霉呀，我第一次在大陆投资，就这么讨个不吉利。"

服务小姐一听，更慌了，"对不起，对不起!"手足无措中，又将桌上的小碗打碎在地。服务小姐尴尬万分，虚汗浸背，不知如何是好，一桌人也有的目瞪口呆，有的吵吵嚷嚷地恼火，有的……

就在这时，一位女领班款款来到客人面前，拿起桌上的筷子，双手递上去，嘴里发出一阵欢快的笑声："啊，吴老先生。筷子落地哪有倒霉之理，筷子落地，筷落，就是快乐，就是快快乐乐。""这碗么，"领班一边思索，同时瞥了一眼服务小姐，示意打扫碎碗。服务员顿时领悟，连忙收拾碎碗片。"碗碎了，这也是好事成双，我们中国不是有一句老话吗——岁岁平安，这是吉祥的兆头，应该恭喜您才是呢。您老这次回大陆投资，一定快乐，一定平安。"

刚才还阴郁满面的吴老先生听到这话，顿时转怒为喜，马上向服务小姐要了一瓶葡萄酒，亲自为女领班和自己各斟了满满一杯。站起来笑着说："小姐，你说得真好！借你的吉言和口彩，我们大家快乐平安，为我的投资成功，来干一杯!"

试分析整个过程，阐述服务人员用得体的语言与客人交谈的重要作用。

模块 5　名 片 礼 仪

一、教学目标

1. 终极目标

熟悉并掌握名片礼仪的基本要求和方法。

2. 促成目标

能熟练并正确运用名片礼仪，具备在不同的场合与人交往的基本素质。

二、案例

1. 案例介绍

某公司新建的办公大楼需要添置一系列办公家具，价值数百万元。公司的总经理已作了决定，向 A 公司购买这批办公用具。这天，A 公司的销售部负责人打电话来，要上门拜访这位总经理。总经理打算，等对方来了，就在订单上盖章，定下这笔生意。

不料对方比预定的时间提前了 2 个小时，原来对方听说这家公司的员工宿舍也要在近期内落成，希望员工宿舍需要的家具也能向 A 公司购买。为了谈这件事，销售负责人还带来了一大堆的资料，摆满了台面。总经理没料到对方会提前到访，刚好手边又有事，便请秘书让对方等一会。这位销售负责人等了不到半小时，就开始不耐烦了，一边收拾起资料一边说："我还是改天再来拜访吧。"

这时，总经理发现对方在收拾资料准备离开时，将自己刚才递上的名片不小心掉在了地上，对方却并没发觉，走时还无意识地从名片上踩了过去。但这个不小心的失误，却令总经理改变了初衷，A 公司不仅没有机会与对方商谈员工宿舍的设备购买，连几乎到手的数百万元办公用具的生意也告吹了。

2. 案例分析

A 公司销售部负责人的失误，看似很小，其实是巨大而不可原谅的失误。名片在商业交际中是一个人的化身，是名片主人"自我的延伸"。弄丢了对方的名片已经是对他人的不尊重，更何况还踩上一脚，顿时让这位总经理产生反感。再加上对方没有按预约的时间到访，不曾提前通知，又没有等待的耐心和诚意，丢失了这笔生意也就不是偶然的了。

三、理论知识

1. 递名片的礼仪

一般是地位低的人先向地位高的人递名片，男性先向女性递名片。出于公务和商务活动的需要，女性也可主动向男性递名片。当对方不止一人时，应先将名片递给职务较高或年龄较大的人，如分不清职务高低和年龄大小时，可依照座次递名片，应给在场的人每人一张，以免厚此薄彼。

递送名片时，应面带微笑，正视对方，将名片的正面朝着对方，恭敬地用双手的拇指和食指分别捏住名片上端的两角送到对方胸前。如果是坐着，应起身或欠身递送，递送时可以说一些"我叫×××，这是我的名片，请笑纳！"或"请多关照！"之类的客气话。

同外宾交换名片时，可先留意对方是用单手还是双手递接名片，随后再跟着模仿，因为欧美人、阿拉伯人和印度人惯于用一只手与人交换名片，日本人则喜欢用右手送自己的名片、左手接对方的名片。另外，要注意不要用名片盒发名片，这样给人以你不注重自己的内在价值，名片发不出去的感觉。

2. 接名片的礼仪

接受他人名片时，应起身或欠身，面带微笑，恭敬地用双手的拇指和食指捏住名片的下方两角，并轻声说"谢谢！"或"能得到您的名片十分荣幸！"。如果对方地位较高或有一定知名度，则可道一句"久仰大名"之类的赞美之辞。

"接过名片，首先要看"，这一点至关重要，要仔细地把对方的名片正反两面都看一遍，若有疑问，则当场向对方请教，随后当着对方的面郑重其事地将其名片放入自己携带的名片盒或名片夹之中，千万不要随意乱放，以防污损。

3. 索取和拒绝名片的礼仪

索取名片时，可以婉转地说："以后怎样向您请教？"或"以后怎样同您保持联系？"如果自己无意送人名片，可婉转地说："对不起，名片未带。"

4. 保管名片的礼仪

为了查找和使用方便，宜分类收藏他人的名片。对个人名片可按姓氏笔画分类，也可依据不同的交际关系分类。要留心他人职务、职业、住址、电话等情况的变动，并及时记下有关的变化，以便通过名片掌握每位客户、每个朋友的真实情况。还可把对对方的了解，譬如他的爱好、擅长等记在名片上，待下次与这个人见面时，不但能一下说他的名字，还能以他的爱好和擅长为话题，这样，对方必然会感到意外，对你自然产生好感。

四、能力训练——案例分析

1. 案例 1

国内某著名演员在一次记者招待会上，咀嚼着口香糖回答记者问题。在记者的要求下，他将口香糖吐出，因为找不到装垃圾的东西，就将口香糖吐在一张记者给他的名片上，引起众多媒体记者的不满。

试析这位著名的演员为什么会引起众多媒体记者的不满？

2. 案例 2

某公司王经理约见一个重要的客户方经理。见面之后，客户就将名片递上。王经理看完名片就将名片放到了桌子上，两人继续谈事。过了一会儿，服务人员将咖啡端上桌，请两位经理慢用。王经理喝了一口，将咖啡杯子放在了名片上，自己没有感觉，客户方经理皱了皱眉头，没有说什么。

试析：

① 请分析王经理的失礼之处。

② 接过对方的名片后应如何放置？

3. 案例 3

2000 年春，某市举行春季商品交易会，各方厂家云集，企业家们济济一堂。A 公司的徐总经理在交易会上听说 B 集团的崔董事长也来了，想利用这个机会认识这位素未谋面又久仰大名的商界名人。午餐会上他们终于见面了，徐总彬彬有礼地走上前去，"崔董事长，您好，我是 A 公司的总经理，我叫徐强，这是我的名片。"说着，便从随身带的公文包里拿出名片，递给了对方。崔董事长显然还沉浸在之前的与人谈话中，他顺手接过徐强的名片，"你好"，草草地看过，放在了一边的桌子上。徐总在一旁等了一会儿，并未见这位崔董事长有交换名片的意思，便失望地走开了……

请结合名片礼仪知识谈谈这位崔董事长的失礼之处。

模块 6　通　联　礼　仪

一、教学目标

1. 终极目标

熟悉并掌握接电话、商务信函、手机、传真、电子邮件等礼仪的基本要求和方法。

2. 促成目标

能熟练并正确运用电话、商务信函、手机、传真、电子邮件等礼仪，具备在不同的场合与人交往的基本素质。

二、案例

1. 案例介绍

"喂，王姐，你的电话，是个男的。"小赵接了一个电话，大声地招呼王姐过去接电话。整个办公室的人都听到了有个男的找王姐，大家都抬起头来看着王姐。王姐非常不好意思地过去接电话。

2. 案例分析

本案例涉及电话礼仪中的代接电话礼仪。代接电话不仅是帮忙叫人和记录来电者姓名和电话号码，它实际上是一个如何处理好自己与来电者、自己与要接电话者之间关系的重要表现，因此代接电话一定要符合礼仪规范。

三、理论知识

现代社会是一个信息社会，信息就是资源，信息就是财富，信息就是生命。目前，多种多样的现代化通信工具层出不穷，它们的出现，为人们获取信息、传递信息、利用信息，提供了越来越多的选择。考虑到会展工作的实际需求，以下将着重介绍一下如今应用最多最广的电话、手机、传真以及电子邮件的基本礼仪。

（一）电话礼仪

从礼仪方面来讲，拨打电话与接听电话时有着各自不同的标准做法。以下分别对其加以介绍。

1. 打电话礼仪

① 打电话前，要做好笔和纸的准备，想好要说的事情。比如，要谈一笔生意，要考虑好从何处说起，用什么方式交谈，说到什么程度，还要估计对方的情况，考虑好应变的方法等，这样才能用尽可能短的时间达到预期目的，而不浪费对方的时间。

② 打电话时，要面带笑容，语气要温和、缓慢，口齿要清晰，语言要简洁。第一句话要说"您好"，紧接着进入正题。如果是代表公司打电话，要说明领导的意图和目的，最后要把重要内容确认一下，必要时录下音来，然后结束通话。

2. 接电话礼仪

① 听到电话铃声，应迅速准确地拿起电话，最好在三声之内接听，且要在铃响的间隙拿起话筒。如果电话铃响很久后再通话，则要先说"久等了"、"对不起"之类的抱歉话。如果在接电话的过程中，有紧急事情插入时，要向对方说"对不起！稍等"，然后可以用手按住话筒，以免影响到对方。电话不清楚时，不要大声吼叫，要把说话的速度放慢，口齿再清晰些。

② 接电话时，要用亲切优美的语气先说"您好"，再问"您找哪位?"。如果被找的人恰巧不在，就说明情况，问一下有什么重要事情，要不要传达或留字条等。若要留言，一定要简洁、准确记录，并要重复一下要点，使对方感觉到自己真诚、负责的态度。

③ 在接电话过程中，绝对不能吸烟、喝茶或吃零食，即使是懒散的姿势，对方也能够"听"得出来。要当作对方就在眼前，尽可能注意自己的姿势。

④ 通话结束时都要说"再见"、"谢谢"之类的礼貌语。一般情况下，要等对方先放下

电话机后，你再轻轻挂断电话，特别是与长辈、领导或女士通话后，一定要等他们挂断电话后，你再轻轻放下话筒。

（二）商务信函礼仪

信函是一种向特定对象传递信息、交流思想感情的应用文书。在众多传递信息、交流感情的形式和手段中，信函的使用最为广泛。它因独特的联络优势被长期保留下来。商务信函写作中，要做到以下几点。

第一，书信中的称谓、首尾的应酬语、正文祝语和署名等，都要按约定俗成的格式来写。即抬头要顶格写尊称，另起一行空两格写问候语，下面一段才是正文，正文写完后，要写上期望或祝贺的话语，最后才是写信人的落款和时间。外文书信与中文书信的内容要求是完全一样的，格式上有所不同。如果要用外文写信，就根据该国文字的常规要求和书信规格进行书写。

第二，商务往来和其他经济业务性质的书信，写法上要符合对方身份、经历、文化水平等实际情况，同时要把重要的因素全部包括在内容中，不得遗漏。例如，商业往来方面的业务信函，要说明商品名称、牌号、规格、数量、质量、价格、起运时间、合约签订情况或规定，交付款项的时间、地点及方式，运输过程中的保护、保险、到货时间及提取方式，意外发生后的赔偿等。值得注意的是，商务和其他经济业务方面的往来信函要留下底稿，收到来函要妥善保存，以便日后查询。

第三，如果是传达信息、联络感情等方面的书信，要做到表达清晰准确、简洁明快、无异议。感情表露要恰当并体现诚意，遣词造句要简明、利索，书写要工整。书信中忌出现错别字，以免造成收信人的误解和不悦。

第四，写信时，禁忌用红笔或铅笔，写私人的书信时最好不用打印字。如果是公函，可以打印，但是末尾的签字必须用亲笔书写，以表达对收信人的尊重。信不能开着口发出去，但如果是请人捎信的话，就要开着口子当面交给捎信人，以示信任。如果别人让你捎信时，就要当面把开口信封好，以表示谨慎、认真。

第五，书信书写完后一定要检查，看有无遗漏、错别字等。有些人写信易忘记写时间，这是不应该疏忽的。如果信写完以后发现有遗漏，就在信的最后加一个附言，把要补充的话写上去。还有一点要特别注意，即在同时写几封信时，一定要把信封和信纸（内容）正确装封，不要张冠李戴。

（三）请柬礼仪

请柬又称请帖，是邀请客人的通知。请柬是一种简单的书信形式，但又不同于书信。书信是对方相距较远而无法直接交谈时所采取的一种方式，请柬是出于对客人的礼貌、尊敬而发出的正式邀请通知，即使近在咫尺或客人已经知道，也应发出请柬。

1. 写作格式

请柬一般包括标题、称谓、正文、结尾、落款等5部分。请柬的背面写正文，正文的格式一般是：开头顶格写被邀请者（个人或组织）的名称；中间写活动的内容、时间及地点；最后由邀请者（个人或组织）署名落款。请柬的文字排列有横排和竖排两种，视邀请对象的情况而定。竖式富有民族特色，在邀请港澳以及海外同胞、各界知名人士时使用为好；横式则是一种更为大众化的形式。请柬的语言要亲切、诚恳、热情及文雅，要注意礼貌用语，切不可用命令式的语气，也不可舞文弄墨，故作高深。

2. 写作要求

（1）内容简明扼要　要把邀请对象、活动安排、时间、地点、邀请者及发请柬（请帖）的时间写得准确具体、一清二楚（要写清年、月、日及地点、门牌、别称与注解），重大的项目要无一遗漏。

（2）语言热情、典雅得体　请柬是一种高雅的礼仪载体，十分讲究语言美。要根据不同场合，使用高雅、得体及礼貌的措辞，做到热情而不俗套，恭敬而不卑微，充分显示邀请者的内在素质和修养。

（3）送达时间准确、慎重　请柬主要是表明对被邀请者的尊敬。凡比较隆重的喜庆活动，邀请客人均以请柬为准，切记随便口头招呼，顾此失彼。请柬发送的时间、方式及场合都要认真考虑，发送过早，客人容易忘记；发送太迟，客人会措手不及。请柬一般以提前2～3天发送为宜。

（4）款式和装帧美观、大方　请柬一般不用信纸，而是用特制的硬纸，在款式和装帧上讲究艺术性，有的带有花纹图案，字体多采用美术体和楷书，有的请柬还具有烫金图案或将"请柬"二字印成烫金美术字。但是，请柬的款式和装帧要既实用又精美。一帖精美的请柬，会使对方看后倍感亲切。

例如，某公司的宴会请柬格式如下。

宴 会 请 柬

恭请

××先生（小姐）：

　　本公司谨定于　　年　　月　　日　　时在京豪酒店举行宴会，为感谢您多年来的关照与厚爱，特邀您的参加。

　　敬请光临！

××公司总经理　张明
×年×月×日

（四）手机礼仪

会展人员在日常交往中使用手机与呼机时，大体上有如下五个方面的礼仪规范必须严守不怠。

其一，要置放到位。携带手机的最佳位置有二：一是公文包里，二是上衣口袋之内。穿套装、套裙之时，切勿将其挂在衣内的腰带上。

其二，要遵守公德。使用手机当然是为了方便自己，不过，这种方便是不能够建立在他人的不便之上的，换而言之，商务人员在有必要使用手机与呼机时，一定要讲究社会公德，切勿使自己的行为骚扰到其他人士。商务礼仪规定：在公共场所活动时，商务人员尽量不要使用手机。当其处于待机状态时，应使之静音或转为振动。需要与他人通话时，应寻找无人之处，而切勿当众自说自话。在工作岗位之上，亦应注意不使自己手机的使用有碍于工作、有碍于别人。商界人士在写字间里办公时，尽量不要让手机大呼小叫。尤其是在开会、会客、上课、谈判、签约以及出席重要的仪式、活动时，必须要自觉地提前采取措施，令自己的手机或呼机噤声不响。在必要时，可暂时将其关机，或者委托他人代为保管。这样做，表明自己一心不可二用，因而也是对有关交往对象的一种尊重和对有关活动的一种重视。

其三，要保证畅通。告诉交往对象自己的手机号码时，务必力求准确无误。如系口头相告，应重复一两次，以便对方进行验证。若自己的手机改动了号码，应及时通报给重要的交往对象，免得双方的联系一时中断。有必要时，除手机号码外，不妨同时再告诉自己的交往对象其他几种联系方式，以有备无患。接到他人打在手机上的电话之后，一般应当及时与对方联络。没有极其特殊的原因，与对方进行联络的时间不应当在此后超过 5 分钟。拨打他人的手机之后，亦应保持耐心，一般应当等候对方 10 分钟左右。在此期间，不宜再同其他人进行联络，以防电话频频占线。不及时回复他人电话，呼叫、拨打他人手机后迅速离去，或是转而接打他人的电话，都会被视作恶意的犯规。

其四，要重视私密。一般而言，手机号码不宜随便告之于人。即便在名片上，也不宜包含此项内容。因此，不应当随便打探他人的手机号码，更不应当不负责任地将别人的手机号码转告他人，或是对外界广而告之。出于自我保护和防止他人盗机、盗码等多方面的考虑，通常不宜随意将本人的手机借与他人使用，或是前往不正规的维修点对其进行检修。考虑到相同的原因，随意借用别人的手机也是不适当的。

其五，要注意安全。按照常规，在驾驶车辆时，不宜忙里偷闲，同时使用手机通话，否则会导致交通事故。乘坐客机时，必须自觉地关闭本人随身携带的手机，因为它们所发出的电子信号，会干扰飞机的导航系统。在加油站或医院停留期间，也不准开启手机，否则，就有可能酿成火灾，或影响医疗仪器设备的正常使用。此外，在一切标有文字或图示禁用手机、呼机的地方，均须遵守规定。

（五）传真礼仪

会展人员在利用传真对外通讯联络时，必须注意下述三个方面的礼仪问题。

第一，必须合法使用。国家规定：任何单位或个人在使用自备的传真设备时，均须严格按照电信部门的有关要求，认真履行必要的使用手续，否则即为非法之举。具体而言，安装、使用传真设备前，须经电信部门许可，并办理相关的一切手续，不准私自安装、使用传真设备。安装、使用的传真设备，必须配有电信部门正式颁发的批文和进网许可证。如欲安装、使用自国外直接带入的传真设备，必须首先前往国家所指定的部门进行登记和检测，然后方可到电信部门办理使用手续。使用自备的传真设备期间，按照规定，每个月都必须到电信部门交纳使用费用。

第二，必须得法使用。使用传真设备通讯，必须在具体的操作上力求标准和规范，不然也会令其效果受到一定程度的影响。本人或本单位所使用的传真机号码，应被正确无误地告知自己重要的交往对象。一般而言，在商用名片上，传真号码是必不可少的一项重要内容。对于主要交往对象的传真号码，必须认真地记好。为了保证万无一失，在有必要向对方发送传真前，最好先向对方通报一下。这样做既提醒了对方，又不至于发错传真。发送传真时，必须按规定操作，并以提高清晰度为要旨。与此同时，也要注意使其内容简明扼要，以节省费用。单位所使用的传真设备，应当安排专人负责。无人在场而又有必要时，应使之自动处于接收状态。为了不影响工作，单位的传真机尽量不要同办公电话采用同一条线路。

第三，必须依礼使用。商界人员在使用传真时，必须牢记维护个人和所在单位的形象问题，必须处处不失礼数。在发送传真时，一般不可缺少必要的问候语与致谢语。发送文件、书信、资料时，更是要记住这一条。人们在使用传真设备时，最为看重的是它的时效性。因此在收到他人的传真后，应当在第一时间内即刻采用适当的方式告知对方，以免对方惦念不已。需要办理或转交、转送他人发来的传真时，千万不可拖延时间，耽误对方的要事。

（六）电子邮件礼仪

商界人士在使用电子邮件对外进行联络时，应当遵守的礼仪规范主要包括以下四个方面。

1. 电子邮件应当认真撰写

向他人发送的电子邮件，一定要精心构思，认真撰写。若是随想随写，是既不尊重对方，也不尊重自己的。在撰写电子邮件时，下列三点尤其必须注意。

一是主题要明确。一个电子邮件，大都只有一个主题，并且往往需要在前注明。若是将其归纳得当，收件人见到它便对整个电子邮件一目了然了。

二是语言要流畅。电子邮件要便于阅读，就要以语言流畅为要。尽量别写生僻字、异体字。引用数据、资料时，则最好标明出处，以便收件人核对。

三是内容要简洁。网上的时间极为宝贵，所以电子邮件的内容应当简明扼要，愈短愈好。

2. 电子邮件应当避免滥用

在信息社会中，任何人的时间都是无比珍贵的。对商界人士来讲，这一点就显得更加重要了。所以有人才会说："在商务交往中要尊重一个人，首先就要懂得替他节省时间。"

有鉴于此，若无必要，轻易不要向他人乱发电子信件。尤其是不要以之与他人谈天说地，或是只为了检验一下自己的电子邮件能否成功地发出，更不宜随意以这种方式在网上"征友"。

目前，有不少网民时常会因为自己的电子信箱中堆满了无数无聊的电子邮件，甚至是陌生人的电子邮件而烦恼不堪。对其进行处理，不仅会浪费自己的时间和精力，而且还有可能会耽搁自己的正事。

不过一般而言，收到他人的重要电子邮件后，即刻回复对方一下，往往还是必不可少的。

3. 电子邮件应当注意编码

编码的问题，是每一位电子邮件的使用者均应予以注意的大事。由于中文文字自身的特点加上一些其他的原因，我国的内地、台湾省、港澳地区，以及世界上其他国家的华人，目前使用着互不相同的中文编码系统。因此，当一位商界人士使用中国内地的编码系统向生活在除中国内地之外的其他一切国家和地区的华人发出电子邮件时，由于双方所采用的中文编码系统有所不同，对方便很有可能只会收到一封由乱字符所组成的"天书"。

因此，商界人士在使用中文向除了中国内地之外的其他国家和地区的华人发出电子邮件时，必须同时用英文注明自己所使用的中文编码系统，以保证对方可以收到自己的电子邮件。

4. 电子邮件应当慎选功能

现在市场上所提供的先进的电子邮件软件，可有多种字体备用，甚至还有各种信纸可供使用者选择。这固然可以强化电子邮件的个人特色，但是此类功能商界人士是必须慎用的。

这主要是因为，一方面，对电子邮件修饰过多，难免会使其容量增大，收发时间增长，既浪费时间又浪费金钱，而且往往会给人以华而不实之感。另外一方面，电子邮件的收件人所拥有的软件不一定能够支持上述功能。这样一来，他所收到的那个电子邮件就很可能会大大地背离了发件人的初衷，因而使之前功尽弃。

四、能力训练

（一）电话礼仪的自我评估

请完成下列测评。

选项说明：1—经常如此；2—偶尔如此；3—极少或从来都不如此。

序号	题目	选项		
1	我拨打、接听电话时，经常说"喂"、"谁"	1	2	3
2	我拨打、接听电话时没有说"您好"或"早上/中午/晚上好"	1	2	3
3	如果有急事我会打断别人的话语	1	2	3
4	因为一些主、客观原因，我会误解对方的意思，后来才知道	1	2	3
5	我接听电话时，很少准备纸和笔	1	2	3
6	很多朋友都批评我没有礼貌	1	2	3
7	我在电话中直接回答是或不是	1	2	3
8	为了工作方便，我经常能一边听电话一边做其他的事情	1	2	3
9	我喜欢和别人聊天，接听电话平均都超过2分钟	1	2	3
10	我能解决的问题马上解决，对我不能回答的问题，我让其找其他人	1	2	3
11	我转电话时，常是将电话转过去之后便将其挂了	1	2	3
12	我常会碰到我回答不了的关于我本身岗位的问题	1	2	3
13	我接听电话时很少模仿别人的语气	1	2	3
14	我平时说话很快，电话中也是如此	1	2	3
15	当我听不清对方电话时，我会大声地叫"喂，你听到了吗？"	1	2	3

得分说明：

22分以下＝不及格，您需要马上接受本课程培训；

22~37分＝良好；

37分以上＝优秀。

（二）情景模拟

结合特定情景，分组进行角色扮演，模拟训练如何拨打和接听电话。

① A公司总经理秘书打电话给B公司总经理秘书，预约面谈下年度广告代理合同时间，双方定下具体时间、地点。

② A公司总经理打电话给B公司总经理，邀请他10月28日下午15：00到国际大酒店参加公司举办的新产品发布会，B公司总经理不在，她的秘书接听电话，并作记录。

（三）案例分析

1. 案例1：怎样做到两全其美

作为一个技术员，需要对公司的技术保密。王技术员接到一个客户的电话，询问他们公司电缆的技术参数，同时又问了一些属于技术机密的问题。王技术员直接回答说："我们有规定，这些属于商业秘密不能外传。"结果客户电话里传来的是"嘀、嘀……"的声音，对方挂断了电话，后来听说这位客户买了其他企业的电缆。

讨论题：

请为王技术员想一个两全其美的办法，既能不得罪客户，为企业争取到客户，又能对公司的技术保密。

2. 案例2：狗叫

在一次讲座上，老师正在台上讲得眉飞色舞，突然学生中间传出了"汪、汪、汪"的狗叫声，老师惊诧地问："谁带小狗上课了？"同学们哄堂大笑："老师，这是最新的手机铃声。"

讨论题：

这位同学在使用手机上存在什么礼仪问题？

3. 案例3：电话

A：请问王老师在吗？

王老师：我是王老师，请问您是哪位？

A：王老师，您猜呢？

王老师：是李华吗？

A：不是！

王老师：是刘霞吗？

A：不是！老师您都忘了我的声音了。

讨论题：

打电话者采用的方式是否合适？存在什么问题？

模块7 馈赠礼仪

一、教学目标

1. 终极目标

熟悉并掌握馈赠礼仪的基本要求和方法。

2. 促成目标

能熟练并正确运用馈赠礼仪，具备在不同的场合与人交往的基本素质。

二、案例

1. 案例介绍

A公司的某客户经理知道他的一个大客户已经被B公司看重了，并了解到B公司给予的政策特别优惠，非常着急，但一时又想不出好的办法来。正好在查看客户资料时发现这个大客户的负责人的女儿第二天过生日，他灵机一动为他女儿订了一个蛋糕和一束鲜花，在第二天午餐时准时送到了。当时这位大客户负责人感到非常惊讶，因为他太忙了，忘记了自己女儿的生日就是今天，他从心里感谢A公司替他为女儿送的这份礼物。这位大客户经理在生日的第二天登门回访这位负责人时，从谈话中完全了解到了B公司给予他的诱惑，并没有吸引到他们，从而可以看到一份小小的礼物巩固了公司与客户之间的关系，并加深了彼此之间的感情。

2. 案例分析

从这个案例可以看出：馈赠巩固和维系人际关系，提供了与客户之间沟通交流增进感情的机会。那么，我们应该根据什么来选择礼品呢？

三、理论知识

随着交际活动的日益频繁，馈赠礼品因为能起到联络感情、加深友谊、促进交往的作用，越来越受到人们的重视。馈赠是会展活动中不可缺少的交往内容。

（一）确定馈赠目的

（1）为了交际　礼品的选择，要使礼品能反映送者的寓意和思想感情，并使寓意和思想感情与送礼者的形象有机地结合起来。

（2）为了巩固和维系人际关系，即"人情礼"　人情礼强调礼尚往来，以"来而不往非礼也"为基本准则。因此，礼品的种类、价值的大小、档次的高低、包装的样式、蕴含的情义等方面均呈现出多样性和复杂性。

（3）为了酬谢　这类馈赠是为答谢他人的帮助而进行的，因此在礼品的选择上十分强调其物质利益。礼品的贵贱厚薄，取决于他人帮助的性质。

（二）选择礼品

（1）投其所好　选择礼品时一定要考虑周全，有的放矢，投其所好。可以通过仔细观察或打听了解受礼者的兴趣爱好，然后有针对性地精心挑选合适的礼品。尽量让受礼者感觉到馈赠者在礼品选择上是花了一番心思的，是真诚的。

（2）考虑具体情况　选择礼物要考虑具体的情况或场合。如厂庆可送花篮，逢节可送贺卡等。

（三）把握馈赠时机

馈赠应注意时间，把握好机会。

（1）传统的节日　春节、中秋节、圣诞节等，都可以成为馈赠礼品的黄金时间。

（2）喜庆之日　晋升、获奖、厂庆等日子，应考虑备送礼品以示庆贺。

（3）企业开业庆典　在参加某一企业开业庆典活动时，要赠送花篮、牌匾或室内装饰品以示祝贺。

（4）酬谢他人　当自己接受了别人的帮助时，事后可送些礼品以回报感恩。

送礼时机要视实际情况灵活掌握，应选择好送礼时机。

（四）掌握馈赠礼节

要使对方愉快地接受馈赠并不是件容易的事情。即便是精心挑选的礼品，如果不讲究赠礼的艺术和礼仪，也很难达到馈赠的预期效果。

（1）注意包装　精美的包装不仅使礼品的外观更具艺术性和高雅的情调，显示出赠礼人的文化艺术品位，而且还可以避免给人俗气的感觉。

（2）注意场合　当众只给一群人中的某一个人赠礼是不合适的，给关系密切的人送礼也不宜在公开场合进行。只有象征着精神方面的礼品，如锦旗、牌匾、花篮等才可在众人面前赠送。

（3）注意态度和动作　赠送礼品时，只有态度平和友善、动作落落大方并伴有礼节性的语言，才容易让受礼者接收礼品。

（4）注意时机　一般赠礼应选择在相见、道别或相应的仪式上。

（5）处理好有关票据　礼品上如写有价钱和标签，一定要早点清除干净。但如果礼品是有保修期的"大物件"，如家用电器、电脑等，可以在赠送礼品的时候把发票和保修单一起奉上，以便将来受礼人能够享受三包服务或方便其转手处理。

（五）了解受礼礼仪

① 一般情况下，不应当拒绝受礼。如果觉得送礼者别有所图，应向他明示自己拒收的理由，态度可坚决而方式要委婉。

② 接受礼物时，不管礼品是否符合自己的心意，都应表示对礼物的重视。对贺礼以及精美礼物，应当面打开欣赏，并赞美一番。

③ 接受了他人的馈赠，如有可能应予以回礼。有礼有节的馈赠活动，有利于拉近双方的距离，增加合作的机会。

作为商务活动的重要内容之一，馈赠活动越来越受重视，并得到广泛的使用。而馈赠的商务礼仪，也就成为职业经理人必备的专业知识之一。

四、能力训练——案例分析

1. 案例1

一位西欧颇有身份的女士来华访问，下榻北京一家豪华大酒店。酒店以贵宾的规格隆重接待：总经理在酒店门口亲自迎接，从大堂入口处到电梯走廊，都有漂亮的服务员夹道欢迎、问候，贵宾入住的豪华套房里摆放着鲜花、水果……西欧女士十分满意。陪同入房的总经理见女士兴致很高，为了表达酒店对她的心意，主动提出送一件中国旗袍，她欣然同意，并随即让酒店裁缝给她量了尺寸。总经理很高兴能送给尊敬的女士这样一件有意义的礼品。

几天后，总经理将赶制好的鲜艳、漂亮的丝绸旗袍送来时，不料这位洋女士却面露愠色，勉强收下，后来离店时却把这件珍贵的旗袍当作垃圾扔在酒店客房的角落里。总经理大感不解，经多方打听好不容易才了解到，原来这位洋女士在酒店餐厅里看到女服务员都穿旗袍，误以为那是女侍者特定的服装款式，认为总经理赠送旗袍，是对自己的不尊敬，故生怒气，将旗袍丢弃一边。总经理听说后啼笑皆非，为自己当初想出这么一个"高明"的点子而懊悔不已。

试分析这位总经理的错误是什么？

2. 案例2

国内某家专门接待外国游客的旅行社，有一次准备在接待来华的意大利游客时送每人一件小礼品。于是，该旅行社订购制作了一批纯丝手帕，是杭州制作的，还是名厂名产，每个手帕上绣着花草图案，十分美观大方。手帕装在特制的纸盒内，盒上又有旅行社社徽，显得是很像样的小礼品。中国丝织品闻名于世，大家料想会受到客人的喜欢。

旅游接待人员带着盒装的纯丝手帕，到机场迎接来自意大利的游客。欢迎词致得热情、得体。在车上他代表旅行社赠送给每位游客两盒包装甚好的手帕，作为礼品。

没想到车上一片哗然，议论纷纷，游客显出很不高兴的样子。特别是一位夫人，大声叫喊，表现极为气愤，还有些伤感。

（资料来源："王连义.怎样做好导游工作.北京：中国旅游出版社，1993."）

试分析这些意大利游客收到礼物后为什么会生气？

项目4 会议礼仪

模块1 会议礼仪策划

一、教学目标

1. 终极目标

要求能够掌握会议的礼仪策划。

2. 促成目标

具有初步做好会议礼仪策划的能力。

二、案例

1. 案例介绍

小刘的公司应邀参加一个研讨会,该次研讨会邀请了很多商界知名人士以及新闻界人士参加。老总特别安排小刘和他一道去参加,同时也让小刘见识见识大场面。

小刘早上睡过了头,等他赶到,会议已经进行了20分钟。他急急忙忙推开了会议室的门,"吱"的一声脆响,他一下子成了会场上的焦点。刚坐下不到5分钟,肃静的会场上又响起了摇篮曲,是谁在播放音乐?原来是小刘的手机响了!这下子,小刘可成了全会场的明星……

没过多久,听说老总已经让小刘"另谋高就"了。

2. 案例分析

不管是参加自己单位的会议还是其他单位的会议,都必须遵守会议礼仪。因为在这种高度聚焦的场合,稍有不慎,便会严重有损自己和单位的形象。

三、理论知识

会议礼仪的策划包括四个方面的内容,即会前礼仪、会场的选择与布置、通知礼仪、膳宿服务礼仪。

(一)会前礼仪

1. 会前准备

在会议前的准备工作中,需要注意以下几个方面:

(1)WHEN——时间 你要告诉所有的参会人员,会议开始的时间和要进行多长时间。这样能够让参加会议的人员很好地安排自己的工作,对会议的召开从心理上有一个准备。

(2)WHERE——地点 是指会议在什么地点进行,要注意选择的会议地点、会议室的布局是不是适合这个会议的进行。

(3)WHO——人物 以外部客户参加的公司外部会议为例,会议有哪些人物来参加,公司这边谁来出席,是不是已经请到了合适的外部嘉宾来出席这个会议。确定会议的主持人、发言人、参加人员及服务人员。

(4)WHAT——会议的议题和形式 就是要讨论哪些问题,用什么样的方式举行会议。

(5) OTHERS——会议所需物品的准备　就是根据会议的类型、目的，需要准备哪些物品。比如纸、笔、笔记本、投影仪等；是不是需要准备咖啡、小点心、水果等；会议需要什么样的饮料，是茶水还是矿泉水；会议是不是需要条幅，什么样的规格等。

2. 会前礼仪策划的要点

在会议的种种组织工作中，以会前的组织工作最为关键。它在大体上包括以下四个不同的方面。

(1) 会议的筹备　围绕会议主题，将领导议定的会议的规模、时间、议程等组织落实，通常要组成专门班子，明确分工，责任到人。

(2) 通知的拟发　按常规，举行正式会议均应提前向与会者下发会议通知。它是指由会议的主办单位发给所有与会单位或全体与会者的书面文件，同时还包括向有关单位或嘉宾发的邀请函件，主要应做好两件事。

① 拟好通知。会议通知一般应由标题、主题、会期、出席对象、报到时间、报到地点以及与会要求等七项要点组成。拟写通知时，应保证其完整而规范。

② 及时送达。下发会议通知，应设法保证其及时送达，不得耽搁延误。

(3) 文件的起草　会议上所用的各种文件材料，一般应在会前准备妥当。需要认真准备的会议文件，主要有会议的议程、开幕词、闭幕词、主题报告、大会决议、典型材料、背景介绍等。

(4) 常规性准备　负责会务工作时，往往有必要对一些会议所涉及的具体细节问题，做好充分的准备工作。

① 做好会场的布置。对于会议举行的场地要有所选择；对于会场的桌椅要根据需要作好安排；对于开会时所需的各种音响、照明、投影、摄像、摄影、录音、空调、通风设备和多媒体设备等，应提前进行调试检查。

② 根据会议的规定，与外界搞好沟通。比如向有关新闻部门、公安保卫部门进行通报。

③ 会议用品的采办。有时，一些会议用品，如纸张、本册、笔具、文件夹、姓名卡、座位签以及饮料、声像用具，还需要补充、采购。

(二) 会场的选择与布置

1. 会场的选择

场地的选择对会议的成败相当重要，会议的组织者要高度重视会场的选择。会场选择的基本步骤和方法如下。

① 根据会议的性质确定会场的选址，及早预定。会议的性质不同，选择的会议场所也有所不同。一旦会议日程决定后，就要根据会议的要求及时预定会议场所，办好一切手续。另外，预约时间要留有余地，以会议前后各增加 30 分钟为宜，以便做准备和结束工作。在选择会场的时候，还要考虑会议地点是不是方便。尤其是大型、国际性的会议，一定要考虑交通的便利，停车位的情况，会场周围的环境、旅游设施、餐饮设施、购物是否便捷等各种条件。

② 确定会场的面积。根据参会的人数和会议的类型确定会场面积的大小。一般的原则是：会场的面积要充分，但如果不得不在空旷和偏窄中作选择，许多会议组织者宁可选择后者，因为空旷会给人冷清的感觉。

③ 确定所需硬件设备。会议的成功举行，设备是必不可少的。现代会议一定要选择有因特网接口、装备电脑和视听设备、适合放映数据投影设施的会场。同时，要检查会场的灯

光、空调、音响等设备是否齐全，一般性的设备如主席台、无线麦克（或有线麦克）、白板、纸笔、屏幕、多媒体投影仪、激光笔等是否具备。

④ 对会场的优势和不足了如指掌。详细了解会议场所的附属环境，做好周密细致的调查研究。

⑤ 招募、培训会议服务人员。根据会议的规模配备足够的会议服务人员，并对会议服务人员进行必要的培训。

⑥ 会议费用的计算。在会场的选择中，要以量入为出为原则，尽量节省会议成本，以求利益的最大化。会议主办者在举办会议时，也要注意节约会议开支和费用。为了节约费用，可以委托专职会议公司代办会议。

2. 会场环境设计

会议组织者在设计会场环境时，要注意两个方面的问题：一是会场的布置一定要和会议的性质、会议的主题相适应；二是会议的环境设计要体现人性化，会场要有各种明确而且醒目的标识，标识的制作和选择要符合规范化的要求，使会议参加者一目了然。会议标识要体现会议的特点和主题，增加会议参加者对会议的印象。但是，会场的标识切忌复杂、繁多，以免让会议参加者不知所措。

会场环境设计的重点首先体现在会场的布置上，优秀的会场布置会为会议增色添彩。会场布置要注意：

① 会场的布局要合理规范，空间适中，不要过于拥挤，会场的通风要良好，会场要保持干净整洁。

② 会场要配置有合适的音乐。根据会议的要求和会议进行的内容，及时辅助以适当的音乐，以达到调节会议气氛的目的。

③ 会场的温度要合适。对会场的温度要及时调整，一般情况下，要在会议开始前30分钟打开空调，调节好室内的温度和湿度，会场的温度宜定为18～25℃，湿度宜为60%～80%，要随时注意会场空气的新鲜。

④ 会场的灯光要柔和、淡雅。白天尽量采用自然光，适当配备灯光，这样既符合环保要求，又节省费用，但要避免阳光的直接照射，以免影响会议的效果。在使用灯光时，要注意灯光的强弱和层次，对重要区域，如主席台，灯光要相对明亮，以突出主席台的重要地位，但反差不要太大，不要影响主席台与台下的沟通和交流。

⑤ 会场的色调与色彩要协调。一般在会场布置中，要避免使用"白色"和"黑色"这样的色彩，这两种颜色对人体会产生"反光"及"吸光"的不良效应。会场四周墙壁和桌椅等宜采用浅色调，这样对摄像的质量和效果影响较小。主席台背景要简洁清楚，避免使用山水景物。

⑥ 会场桌椅的选择要舒适。会场桌椅要选择舒适的，特别是会议时间较长时，以免影响会议效果。同时会场桌椅要选择比较大的，这样使用方便，使参加会议者没有狭窄的感觉。

⑦ 会场要醒目悬挂会名。在会场的布置中，要突出会名。正常情况下要在主席台的上方，悬挂有会议的名称、时间等的横幅。如果是国际会议，可以使用中、外两种文字书写，注意以右为尊。

⑧ 会场布置时要适当地使用鲜花。在主席台和会场的四周用鲜花装扮既可以调节会场的气氛，色彩鲜艳、气味芳香的鲜花还可以令与会者舒缓压力、放松心情，提高会议的

效率。

⑨ 会场的茶歇安排。会议要提供茶水服务，同时在会场要准备茶歇，准备适当的点心、饮料和会议的宣传图册等。

⑩ 会场设备要良好。会场的音响、音频设备要注意音量和安放的位置，避免由于使用和安置不当产生噪声，影响会议召开的质量。

⑪ 会场内外要设置清楚醒目的路标。路标设置要有指示箭头、会议名称、地址、时间和方向，以便于参加会议者的行动。

⑫ 会场内部布局要畅通无阻。会场是一个人员密集的场所，在会场的安排中，一方面要保持畅通以利安全疏散的需要；另一方面要考虑参加会议人员的一些特殊需要。同时在会议的其他场所，也要注意布局的畅通与方便。

3. 会议的厅室布置

一个大型会议除了使用主会场之外，往往需要使用一些小型的厅室完成讨论、分组等活动。

小型厅室的布置，其总体设计应该坚持美观适用、出入方便、疏密适当、协调对称、主次分明、错落有致、色调和谐、视听清晰的原则。

色调的配置和花卉的点缀，对烘托和调节会场的气氛有重要的作用，同时对与会者的心理状态也起着积极的影响。所以，在厅室的布置中要根据活动的内容选择色调，使其能够与活动协调、吻合。不同的色彩，其作用是不一样的：红、黄、橙等色为暖色，暖色环境能使人感觉兴奋和激动；而蓝、绿等色则为冷色，冷色对人有抑制作用，给人以庄重、清冷的感觉。对比较严肃的学术会议、政治性比较强的会议、比较庄重的活动，在色彩的选择上应该以冷色调为主；对活动内容轻松、热烈、时尚的活动，在色彩的选择上要多使用暖色调。这样才能与会议的内容等相适应，收到良好的效果。

以下就不同厅室的布置分别加以介绍。

（1）会见厅的布置　会见厅的布置要根据会议参加人数的多少、会场的具体情况来安排。会见厅的桌椅布局主要有马蹄形、正方形、长方形和凹字形等，一般马蹄形使用较多，正中迎门的地方放置两个或四个沙发，两边留有出入口，每两个沙发之间放置茶几。这样摆放表现为：主次分明，座位集中，出入方便，格局庄严、适用。

会见厅的布置应注意以下几点：

① 布局要合理实用、美观庄重，位置要紧凑，各种家具之间的距离要协调一致。内圈沙发应根据人数来安排中间的空距，一般以两脚半为宜。

② 座位要比会见的总人数多几个，以备会见时临时增加人员的需用。

③ 内圈沙发之间的茶几，要根据不同的服务对象选择适当的位置，并根据领导的不同习惯适当放置痰盂。

④ 准备好会见所需物品。数量要有一定的富余，做到有备无患。会见用的毛巾、茶具、冷饮具、牛奶咖啡具、餐具等要严格进行消毒、烫洗，然后封存起来，专人负责，达到安全卫生标准。

⑤ 搞好清洁卫生。在以上工作完成后，要对全场进行全面、彻底的卫生清洁和安全检查。

（2）会谈厅的布置　双边会谈通常布置长条形或椭圆形会谈桌和扶手椅，宾主相对就座。布置会谈厅要根据会谈人数的多少将会谈桌呈横一字形或竖一字形排列，桌子的桌线要与正门的中心相对，桌面上匀称地铺上台呢，在桌子的两边对称地摆上扶手椅。贵宾和主人的座位居中摆放，座位两侧的空当应比其他座位略宽。如果双方人数不相等，则双方主要领导人中间座椅对齐，其他两边匀称摆放。

如果会谈桌呈横一字形排列，主人在背向正门的一侧就座，客人在面向正门的一侧就座。如会谈桌呈竖一字形排列，以进门的方向为准，客人居右方，主人居左方。译员的座位安排在主持会谈的主宾主人的右侧，其他人按礼宾顺序左右排列。记录员一般是在会谈桌的后侧另行安排桌椅就座，如参加会谈的人数较少，也可以安排在会谈桌边侧就座。小范围的会谈，一般不用会谈桌，只设沙发，双方座位按会见座位安排。

如是涉外宾客，会谈桌上应放置两国国旗，桌上应放置座位卡，使用中、外文字书写时要注意主方文字写上面，客方文字写下面。字体应工整、清晰，以便与会者对号入座。会谈场地正门口，还要安排人员迎送客人。人多时需安装好扩音设备，调试好，确保会议使用。

(3) 签字厅的布置　签字仪式所用的厅室，应根据出席签字仪式双方领导的身份、出席人数，选择在宽敞的大厅或以高大的屏风、大型挂画、壁画作为背景的厅室进行。签字厅的布置方式是：在厅室正面的上侧、大型屏风或挂画的前面，将两张长条桌（签字桌）拼拢呈横向排列，在桌面上铺墨绿色台呢。台呢要铺正，中心线拉直，下垂部分两端要均等，里外两侧则要求外边长里边短。在签字台的后面摆两把高靠背扶手椅（左为主方签字座位，右为客方签字座位）。两把椅子之间相距1.5米至2米。在两个座位前桌面上放置文具和吸水墨具。如果是国事活动，桌面前方摆放挂有两面国旗的旗架。签字厅的两侧可布置少量沙发，供休息用。

各国举行的签字仪式的安排不尽相同。有的国家设置两张方桌为签字桌，双方签字人员各坐一桌，双方的小国旗分别摆放在各自的签字桌上，参加仪式的人员坐在签字桌的对面。

有的国家安排一张长方桌为签字桌，但双方参加仪式的人员坐在签字桌前方两旁，双方国旗挂在签字桌的后面。

(4) 国际会议会场的布置　由国际性组织出面或者由一国或几国发起、多国代表出席就共同关心的国际问题而召开的会议称为国际会议。国际会议一般都具有规模大、规格高、与会国家多、议题专一、活动内容广泛的特点。

国际会议会场布置形式有多种多样，具体采取何种形式应根据会议的性质、内容、规格、人数和主办方面的要求等情况来确定。

① 会议的主会场。主席台的布置是关键，要根据参加会议的主要来宾和列席会议的领导人数安排主席台的座位数。一般使用横一字形排列，第一排桌子不能超过幕沿。会议的主讲台应放置在台口左侧，讲台上设置传声设备，注意在讲台上要设置台灯；主席台前沿要摆放鲜花装饰，台口的后侧要用绿色植物点缀；在台口的沿幕上应挂会议的标记，如会徽并其他文字标记；台后的背景幕墙上悬挂会徽并竖立与会国国旗（按参加国国名的第一个英文字母排序）。在我国举办的有些国际会议，主办者在张挂会议横额时，只有中文文字，却没有英文或其他有关国家的文字，这是对与会外国来宾的失礼。在国际会议上，除会场悬挂与会国国旗外，各国政府代表团团长也按会议组织有关规定在一些场所或车辆上悬挂本国国旗，但国际学术会议无挂国旗的要求。

如果主席台嘉宾人数较多，就要用台坪搭成梯状的高台，沿台阶分层摆放桌子，第一排的桌子通直横排排放，不留行间。其他各排要留出行间走道。在高台的两侧要用台裙围裹，并设置上下台阶。

如果参加会议的人数较少，会议规模不大，可选择适当的会议场所或厅室。会场的布置相对比较简单，用会议桌进行平面布置即可。会场的布置形式可以根据会议需要，采用山字形、品字形或长方形等。如果需要设置主席台，可以在厅室中选择靠墙的一面，用台坪搭建。

② 分组会场。主要是为了研讨和举行小型会议。分组会场根据人数多少设置，原则上不宜过大，要紧凑，方便出入。人数较多的用会议桌布置，人数较少的可以用沙发、座椅等布置，组成方形或马蹄形，也要在一侧设置译员和记录员座位。

③ 休息厅。根据会议时间的长短，可以设立休息厅。会议时间较短的休息厅可以设置在会场的门厅，会议时间较长或者参加会议的人员年龄较大，就要设立专门的休息厅。在休息厅一侧，要设置工作台，准备必要的饮料、茶水、点心、水果等。

④ 餐厅布置。会议参加者的就餐要设置专用餐厅，就餐可以采用自助餐或份饭，也可以采用桌餐。

（5）大型集会的布置　大型集会是一种常见的集会形式，一般根据参加人数选择会场。当参加人数较少时，集会可以安排在礼堂或剧场；当参加人数较多时，集会就要安排在广场进行。集会会场的布置主要是主席台和休息厅。主席台的布置以人数的多少来决定，人数少的就直接用会议桌安排布置，人数多的就要搭建梯台。主席台要用鲜花装点，要悬挂会标和相应的横幅，如果是报告会，要设置讲台。休息厅的布置要方便，在休息厅要准备茶水、饮料、水果等。群众休息的地方要准备饮水。大型集会还要安排好疏散通道。

（6）合影厅的布置　合影厅的布置要根据合影的人数来决定，太大或太小都会影响合影效果。选择好场所之后，要进行适当的布置。合影的背景要符合合影者的身份，也要符合摄影的要求。如果合影人数较多，就要搭建台阶。合影以弧形或扇面形排列为佳，并在前排摆放椅子供主要领导就座。合影场所要宽敞，有足够的地方排列和放置摄影器材。

（7）大中型会议会场的布置　大中型会议一般是指与会者众多、规模较大的会议。它的最大特点是会场上应分设主席台与群众席。前者必须认真排座，后者的座次则可排可不排。

① 主席台排座。大中型会场的主席台，一般应面对会场主入口。在主席台上的就座之人，通常应当与在群众席上的就座之人呈面对面之势。在其每一名成员面前的桌上，均应放置双向的桌签。主席台排座，具体又可分为主席团排座、发言人坐席、发言者席位。

其一，主席团排座。主席团，在此是指在主席台上正式就座的全体人员。国内目前排定主席团位次的基本规则有三：一是前排高于后排；二是中央高于两侧；三是左侧高于右侧。

其二，发言人坐席。会议发言人，又称大会主席，其具体位置之所在有三种方式可供选择：一是居于前排正中央；二是居于前排的两侧；三是按其具体身份排座，但不宜令其就座于后排。

其三，发言者席位。发言者席位，又叫做发言席。在正式会议上，发言者发言时不宜就座于原处发言。发言席的常规位置有二：一是主席团的正前方；二是主席台的右前方。

② 群众席排座。在大中型会议上，主席台之下的一切坐席均称为群众席。群众席的具体排座方式有二。

其一，自由式择座。即不进行统一安排，而由大家各自择位而坐。

其二，按单位就座。它指的是与会者在群众席上按单位、部门或者地位、行业就座。它的具体依据，既可以是与会单位或部门的汉字笔画的多少、汉语拼音字母的前后，也可以是其平时约定俗成的序列。按单位就座时，若分为前排后排，一般以前排为高，以后排为低；

若分为不同楼层,则楼层越高,排序便越低。

在同一楼层排座时,又有两种普遍通行的方式:一是以面对主席台为基准,自前往后进行横排;二是以面对主席台为基准,自左而右进行竖排。

(8) 冷餐会厅室的布置　冷餐会有两种形式:一是设席冷餐会;二是不设席冷餐会。对这两种形式,在厅室的布置上是不一样的。

设席冷餐会主要有两种布置形式:一是设菜台,但不单独设置酒台,在菜台周围设置圆桌,每桌按 4~6 人安排;二是不设置菜台和酒台,与正式的宴会一样,菜点和酒水直接摆放在桌上,客人按次序就座就餐。

不设席冷餐会应根据参加人数、菜点的数量,设置菜台、摆放菜点和一定数量的餐具。菜台的设置不宜过大,一般以 20~30 人设置为宜。在菜台的四周要放置小桌,还要设置相应的酒台。在厅室的周围要摆放适量的椅子,供年老体弱者和妇女使用。如果有重要客人,要设立主宾席。主宾席的设立,一是在厅室的上方摆放沙发和扶手椅,每三个座位前摆放一个大茶几,供摆菜点和就餐;二是用圆桌或长桌作为主宾席。

(三) 通知礼仪

1. 会议通知

会议通知的发送,还要注意以下一些具体的问题:

(1) 注意会议通知的及时性　发送会议通知要及时,有一定的提前量。对发出去的会议通知要多方查证,防止会议通知的遗失。

(2) 注意会议主要参加者的通知情况　对会议的主要参加者,在会议通知发出以后,要保持密切联系,随时提醒和告知会议通知的内容,如会议的地点、时间、议程等。掌握会议主要参加者的详细联系方式,及时联系,以确保会议主要参加者对会议的重视。

(3) 加强和与会者的联系　在会议通知发出后,要求与会者要有回执,并详细提供联系方式,以便会议组织者与会议参加者进行联系。

(4) 会议通知中,对会议主要参加者的出席要表示感谢　要使用礼貌性的语言,要表达真挚的邀请之意,使会议主要参加者能及时参加会议。

(5) 会议通知要注明会议的详细情况　在会议通知中,会议主办者要告知会议的详细情况如会议的日程安排、时间等,以便会议参加者合理安排时间,及时参加会议。

(6) 要及时发出正式邀请　在收到回执之后,确认会议参加者的详细情况,及时向会议参加者发出正式的邀请函。

2. 会议证件的制作

会议证件的制作要严格按照规范的格式。证件上的会议名称必须写全,一些法定性的会议要使用黑体、宋体这样的严肃字体,其他会议可以使用一些艺术字体;如果会议有会徽,要将会徽印制在会议证件上;在证件上要印制参加者的姓名、性别、照片;证件上要注明证件名称、证件编号;证件上要印制参加者的组别和会议日程;国际性的会议证件,要印制中外两种文字,注意中文在上、外文在下印制。

证件制作中应注意以下几个问题:

一是证件的设计制作应从会议组织管理的需要来安排,要兼顾会议安全和方便工作两个方面,既不能只图简单,影响会议的组织管理,又不能搞得太繁琐,给大会代表和工作人员带来不便。

二是在证件设计和色彩运用上,既要便于区别各种不同证件,又要体现大会的特点。

三是在证件设计、制作中,国内会议要充分体现党的民族政策,坚持汉字和少数民族文字并用,国际性的会议要坚持外事政策,坚持中外文并用。

四是会议证件的管理、发放必须有严格的规则,一般应由专人负责这项工作。

(四) 膳宿服务礼仪

在会议的服务中,膳宿服务是会议顺利进行的保障和条件。作为会议组织者,要非常重视会议的膳宿。

1. 住宿安排礼仪

接待住宿要根据客人的身份、人数、性别、年龄、身体状况、生活习惯和工作需要酌情安排,选择宾馆要根据接待经费预算、宾馆实际接待能力、口碑与服务质量、周边环境、交通状况、安全条件等因素来考虑,基本生活需要如空调、热水、卫生间、电话、电视、娱乐、购物及办公、会议设施要符合要求。接待人员要让来宾产生"宾至如归"之感,体贴入微、善解人意,但要以不妨碍对方私生活为准、以不限制对方个人自由为限、以不影响对方休息为度。

在国内进行的会议,住宿安排方面,还要注意住宿要相对集中,以方便管理,也有助于会议期间的信息沟通和会务联系,有助于休会期间与会者之间的沟通和交流。同时对住宿中的一些特殊问题要特殊对待。如对职务和级别高的与会者,要安排套房;对职务和级别较高的人员,要安排单人房间;对年老体弱、病、残的与会者,要安排住在底层或离服务台较近的地方,以便对他们的服务;要将同一单位或同时离开会议的人员,相对集中安排住宿,这样既方便管理、协调周转房间,又能节约成本;会议主要参加者的陪同随行人员,要尽量安排在会议主要人员的房间附近,以便于工作;大会服务人员的工作休息房间,要安排在靠近入口或楼梯的地方,方便与会人员寻找和联络。

2. 餐饮安排礼仪

会议的就餐安排很有讲究,涉及就餐编席、名次的排列、时间、地点等。在编定就餐席时同样要考虑到参会人员的级别、身份、民族等因素,不能任意将一些人组合在一起。多少人一席因当地具体情况而定,有的地方是10人一桌,有的是8人一桌,不同地区有不同的风俗习惯,如行政机关的相关会议编席,往往是按行政级别编定的,相当级别的人安排在一桌用餐,工作人员又另编一席。对于一席中的先后顺序可按任职时间长短、姓氏笔画多少为序。编席还要特别考虑到就餐人员的民族问题,注意少数民族的饮食习惯,将这些参会人员作特别安排,如注明"回族的请在××桌就餐","第一席 王××申×× (回族)"。

餐饮礼仪的基本原则如下:

(1) "5M"原则 "5M"是指约会(Meeting)、菜单(Menu)、举止(Manner)、环境(Midie)、费用(Money)。"5M"原则是指在安排宴请或者自己参加餐饮活动时,必须优先对约会(约会的具体时间和对象)、菜单(宴请菜品)、举止、环境、费用等五个方面的问题加以高度重视,并应力求使自己在这些方面的所作所为符合律己、敬人的行为规范。

(2) "餐饮适量"原则 在餐饮活动中,不论是活动的规模、参与的人数、用餐的档次,还是餐饮的具体数量,都要量力而行。务必要从实际需要和实际能力出发,进行力所能及的安排。切忌虚荣好强,炫耀攀比,铺张浪费。

(3) 照顾他人原则 不论是以主人的身份款待客人,还是陪同他人一道赴宴,都应在两厢情愿的前提下,悉心照料在场的其他人士。"学会照顾他人"应当是一条极为重要的礼仪规则，同时，也是一个人修养、层次和品位的体现。

（4）客不责主原则　身为客人时，对主人为之安排的餐饮只宜接受，不宜随意评论、非议，尤其是不允许寻衅滋事，借题发挥。

（5）突出特色原则　负责为他人安排餐饮时，在条件允许的前提下，应努力突出国家特色、地方特色、民族特色，使对方通过享用饮食来"品尝"文化。

四、能力训练——模拟宴请活动

1. 实训目的

① 通过场景模拟的方法使学生体会并掌握宴请活动的礼仪规范和要求。

② 将宴请礼仪的理论知识与实训练习结合起来。

③ 通过小品表演的方式，要求学生从生动、有趣的实训中更深刻地领会和掌握宴请活动礼仪规范和要求。

2. 实训内容

分组设计会展宴请的场景，并安排不同的角色，在全班现场表演。

3. 讨论主题

① 宴请活动中，常见的礼仪错误表现有哪些？可以如何归类？应该如何避免？

② 确定小组的会展宴请主题，并且设计一个宴请的场景，分角色表演。

4. 教师主要观测点

① 观测各小组的合作状态以及成员的参与性。

② 观测学生对会展宴请礼仪规范的把握状态。

③ 观测学生对宴请礼仪的理性分析和实际表演是否相吻合。

模块 2　会议现场礼仪

一、教学目标

1. 终极目标

要求能够掌握会议现场礼仪。

2. 促成目标

具有初步做好会议现场礼仪的能力。

二、案例分析

1. 案例介绍

1995 年 3 月在丹麦哥本哈根召开联合国社会发展世界首脑会议，出席会议的有近百位国家元首和政府首脑。3 月 11 日，与会的各国元首与政府首脑合影。照常规，应该按礼宾次序名单安排好每位元首、政府首脑所站的位置。首先，这个名单怎么排，究竟根据什么原则排列？哪位元首、政府首脑排在最前？哪位元首、政府首脑排在最后？这项工作实际上很难做。最后，丹麦和联合国的礼宾官员只好把丹麦首脑（东道国主人）、联合国秘书长、法国总统以及中国和德国总理等安排在第一排，而对其他国家领导人就任其自便了。有好事者事后向联合国礼宾官员"请教"，回答是："这是丹麦礼宾官员安排的。"又向丹麦礼宾官员核对，回答说："根据丹麦、联合国双方协议，该项活动由联合国礼宾官员负责。"

（资料来源："马保奉. 外交礼仪浅谈. 北京：中国铁道出版社，1996."）

2. 案例分析

国际会议交际中的礼宾次序非常重要，在国际礼仪活动中，如安排不当或不符合国际惯例，就会招致非议，甚至会引起争议和交涉，影响国与国之间的关系。在礼宾次序安排时，既要做到大体上平等，又要考虑到国家关系，同时也要考虑到活动的性质、内容，以及参加活动成员的威望、资历、年龄甚至其宗教信仰、所从事的专业以及当地风俗等。礼宾次序不是教条，不能生搬硬套，要灵活运用、见机行事。有时由于时间紧迫，无法从容安排，只能照顾到主要人员。上例就是灵活应用礼宾次序的典型案例。

三、理论知识

（一）会前的礼仪服务

1. 注册签到服务

（1）做好与会人员的接站服务　会议的举办者要在车站、码头、机场，按照接待规格准备接站牌和欢迎横幅，迎接客人的到来。

（2）做好签到和报到服务　签到和报到处一般设立在宾馆或会场入口处。会议服务人员要提前准备好签到和报到用的一切物品，提前30分钟就位，在注册处等候。服务人员要热情主动地为每一位参会者提供服务，及时引导参会者办理签到和报到注册手续，领取参会证件、会议文件和纪念品等。

（3）准确、及时、合理地安排参会人员的食宿　通常情况下，会议的签到和住宿是连在一起的，为了及时完善地安排参会人员的住宿，作为会议组织者就要提前做好住宿的安排。会议服务人员对参会者的住宿服务，要热情认真，解决每一个参会者的困难和要求，直到所有与会者报到、住宿安排完毕。

2. 接待服务礼仪

迎接客人要有周密的部署，应注意以下事项。

① 对前来访问、洽谈业务、参加会议的外国、外地客人，应首先了解对方到达的车次、航班，安排与客人身份、职务相当的人员前去迎接。若因某种原因，相应身份的主人不能前往，前去迎接的主人应向客人作出礼貌的解释。

② 主人到车站、机场去迎接客人，应提前到达，恭候客人的到来，绝不能迟到，让客人久等。客人看到有人来迎接，内心必定感到非常高兴，若迎接来迟，必定会给客人心里留下阴影，事后无论怎样解释，都无法消除这种失职和不守信誉的印象。

③ 确定迎送规格。在安排迎送服务时，要安排与参会人员身份级别相当的人员，到机场、车站、码头迎送。对一些重大的国际会议或重要的领导人物，必要时可以安排欢迎队伍，到机场、车站、码头迎送，并安排人员献花（必须要用鲜花），同时要协助办理各种通关手续，用专车迎送。

④ 接到客人后，应首先问候"一路辛苦了"、"欢迎您来到我们这个美丽的城市"、"欢迎您来到我们公司"等。然后向对方作自我介绍，如果有名片，可送予对方。

注意送名片的礼仪：a. 当你与长者、尊者交换名片时，双手递上，身体可微微前倾，说一句"请多关照"。你想得到对方名片时，可以用请求的口吻说："如果您方便的话，能否留张名片给我？" b. 作为接名片的人，双手接过名片后，应仔细地看一遍，千万不要看也不看就放入口袋，也不要顺手往桌上扔。

⑤ 迎接客人应提前为客人准备好交通工具，不要等到客人到了才匆匆忙忙准备，那样

会因让客人久等而误事。

⑥ 主人应提前为客人准备好住宿，帮客人办理好一切手续并将客人领进房间，同时向客人介绍住处的服务、设施，将活动的计划、日程安排交给客人，并把准备好的地图或旅游图、名胜古迹等介绍材料送给客人。原则上一般旅馆、饭店不能接待外宾，只有星级宾馆或涉外饭店才可以接待外宾。安排的饭店、宾馆，一定要和参会者的身份相符合。

⑦ 将客人送到住地后，主人不要立即离去，应陪客人稍作停留，热情交谈。谈话内容要让客人感到满意，比如客人参与活动的背景材料、当地风土人情、有特点的自然景观、特产、物价等。考虑到客人一路旅途劳累，主人不宜久留，让客人早些休息。分手时将下次联系的时间、地点、方式等告诉客人。

⑧ 举行欢迎宴会、招待会或文艺晚会。具有一定规模的会议大多数都要在正式开会的前一天晚上安排一些娱乐和社交节目，以欢迎参会者，并形成会议的融洽气氛。在会议休息期间，要安排一些有趣、简单的节目，以消除高强度工作的压力，利于与会者舒缓紧张、疲劳的情绪。但要在安排时考虑费用和安全。

⑨ 领导人接见会议代表并讲话、合影。在一些正式、重要的会议或官方会议中，一般要安排领导人接见与会者，发表讲话，合影留念。当领导不能参加会议时，要向与会者说明情况，特别是当客人要找领导人，而由于各种原因领导不能接见时。要注意：一是客人要找的负责人不在时，要明确告诉对方负责人到何处去了，以及何时回本单位，请客人留下电话、地址，明确是由客人再次来单位，还是我方负责人到对方单位去；二是客人到来时，我方负责人由于种种原因不能马上接见，要向客人说明等待理由与等待时间，若客人愿意等待，应该向客人提供饮料、杂志，如果可能，应该时常为客人换饮料。

⑩ 为与会者代订返程机、车、船票。在参会人员报到后，会议工作人员要及时核对与会者对回程票的具体要求，包括：回程的交通工具（飞机、火车、轮船）、返程日期、航班或车次、座卧等级、抵达地点、回程票数等。在购买机、车、船票前，会务人员要再次主动向与会者核实返程的详细情况。会议工作人员要注意提前预订和购买相应的返程机、车、船票，以免因为票源紧张而影响与会者的返程。

⑪ 组织与会人员参观、游览。参观、游览是会议不可或缺的内容。特别是会期比较长的会议，一定要安排参观、游览活动。这样，一方面可以让与会者加深相互了解和友谊，让会议更加和谐；另一方面，可以增进参会者和会议组织者之间的友谊，缓解参会者的压力和疲劳。

⑫ 向与会者赠送纪念品。会议结束时，向与会者赠送统一的具有代表性的会议纪念品，既可以让与会者对会议加深记忆，又可以借此向所有参会者表达感谢之情。

3. 引导服务礼仪

引导服务是指在会议期间会议服务人员为与会者指引会场、座位及与会者打听的地方的路线、方向、具体位置、交通条件等的服务。引导服务贯穿于会议始终。

引导服务的主要内容如下所述。

① 引导服务的任务：把嘉宾引导到指定的位置。

② 指路时的姿态：面带微笑、自然、亲切地抬起左手，四指并拢，拇指与其余四指自然分开。女性的标准礼仪是手臂内收，然后手尖倾斜上推"请往里面走"，显得很优美；男性服务员要体现出绅士风度，手势要夸张一点，手向外推。同时，站姿要标准，身体不能倾斜。

③ 要求会议服务人员：熟悉场内区域座号，主动为与会者引座，做到准确无误。主动搀扶、照顾年老体弱者入座、站立、投票、上厕所等。

④ 在会议中间休息或会议结束的时候，会议服务人员要按照规范，在自己的岗位站立，并且按照规范的礼仪要求，及时打开疏散通道，照顾和礼送参会者离开会议场所。

（二）会议发言人和讨论发言的礼仪

1. 会议发言人礼仪

各种会议的发言人，一般由具有一定职位的人来担任，其礼仪表现对会议能否圆满成功有着重要的影响。

① 发言人应衣着整洁，大方庄重，精神饱满，切忌不修边幅，邋里邋遢。

② 走上主席台应步伐稳健有力，行走的速度因会议的性质而定，一般地说，对快、热烈的会议步频应较慢。

③ 入席后，如果是站立主持，应双腿并拢，腰背挺直。单手持稿时，右手持稿的底中部，左手五指并拢自然下垂。双手持稿时，应与胸齐高。坐姿主持时，应身体挺直，双臂前伸，两手轻按于桌沿。主持过程中，切忌出现搔头、揉眼、拦腿等不雅动作。

④ 发言人言谈应口齿清楚，思维敏捷，简明扼要。

⑤ 发言人应根据会议性质调节会议气氛，或庄重，或幽默，或沉稳，或活泼。

⑥ 发言人对会场上的熟人不能打招呼，更不能寒暄闲谈，会议开始前，或会议休息时间可点头、微笑致意。

2. 会议发言的礼仪

会议发言有正式发言和自由发言两种，前者一般是领导报告，后者一般是讨论发言。

正式发言者，应衣冠整齐，走上主席台应步态自然，刚劲有力，体现一种成竹在胸、自信自强的风度与气质。发言时应口齿清晰，讲究逻辑，简明扼要。如果是书面发言，要时常抬头扫视一下会场，不能低头读稿、旁若无人。发言完毕，应对听众的倾听表示谢意。

自由发言则较随意，应注意：发言应讲究顺序和秩序，不能争抢发言；发言应简短，观点应明确；与他人有分歧，应以理服人，态度平和，听从发言人的指挥，不能只顾自己。

如果有会议参加者对发言人提问，应礼貌作答，对不能回答的问题，应机智而礼貌地说明理由，对提问人的批评和意见应认真听取，即使提问者的批评是错误的，也不应失态。

（三）会议的其他服务礼仪

会议的服务是多方面的，这是由会议的复杂性所决定的。一次成功的会议，其他服务的完善是必不可少的。

1. 茶水服务礼仪

（1）茶水的准备　在会议开始前，会议服务人员要做好茶水饮料的准备。泡茶所需要的开水、茶叶、茶具，一般在会议入场前30分钟准备好；开会前15分钟左右，为会场内的茶具浸水沏茶，茶水不要斟满，斟杯的1/3即可，这也叫做温茶。

（2）斟茶服务　与会者入场时，会议服务人员要站立在接待桌旁，双手交叉呈自然状态，放于腹前，要面带笑容，一字排开。与会者入座时，要主动上前表示欢迎、问候，并给每位与会者斟第一道茶。会议进行时，会议服务人员要仔细观察与会者的饮茶情况，及时为与会者续水。

续水时统一使用暖水瓶，随手要带条毛巾。当与会者交谈时，为了不影响谈话，要从空位处斟倒，保持左脚在前，右脚在后，成丁字形，上身自然前倾，左手将茶杯盖揭开翻放在台布桌上，再拿起茶杯撤离座位后约 20 厘米处斟开水，以防溅到与会者的身上。斟水以八分满为宜，然后将茶杯轻轻放回原处，再用小毛巾沾净茶壶外的水迹。

（3）及时清理　在会议开始后要及时清理茶具。对茶水的准备要充分，温茶、热茶和开水都要准备，以满足不同与会者的需要。同时，饮茶用具要准备，茶杯准备要充足，摆放要整齐，杯把向外，以便于取用。

（4）注意礼貌　会议服务人员在斟水过程中要注意安全，在行走时要向行人礼貌地打招呼，如"请让一下"、"借光"等。

（5）茶歇服务　对于一般的大型会议而言可能不需要，中小型会议，特别是公司或者组织高层会议，会间茶歇是很重要的。茶歇的定义就是为会间休息兼气氛调节而设置的小型简易茶话会，当然提供的饮品可能不限于中国茶，点心也不限于是中国点心。通常茶歇的准备包括点心要求、饮品要求、摆饰要求、服务及茶歇开放时间要求等，一般不同时段可以更换不同的饮品、点心组合。大致上，茶歇可分类为中式与西式。中式茶歇饮品包括矿泉水、开水、绿茶、花茶、红茶、奶茶、果茶、罐装饮料、微量酒精饮料，点心一般是各类糕点、饼干、袋装食品、时令水果、花式果盘等。西式茶歇饮品一般包括各式咖啡、矿泉水、低度酒精饮料、罐装饮料、红茶、果茶、牛奶、果汁等，点心有蛋糕、各类甜品、糕点、水果、花式果盘，有的还有中式糕点。

2. 安全和保密服务

（1）会场安全服务　当今世界受恐怖主义的威胁，会议特别是国际会议安全问题是一个非常重要的问题。对会议的安全保障首先要从会场开始。会议安全工作小组和服务人员，要有安全意识。要严格做好会议前的会场安全检查，对一些重要的会议，可以提前封闭会场。在会议开始的时候，要对进入会场的人员进行严格的验证工作和安全检查工作，做到凭证出入，防止闲杂人等进入会场。

（2）住宿安全服务　对参会者入住的宾馆饭店要事先进行安全检查。不要安排在安全存在隐患的宾馆饭店入住。会议安全工作人员要和饭店保安人员密切配合，一方面要切实保障参会人员的人身安全，另一方面要加强对参会人员的物品的安全保障。对参会人员的重要物品，要交由饭店安全保卫部门重点保管。

（3）会议的保密服务　对内容需要保密的会议，对会议参加人员要进行检查教育，不容许携带录影、录音设备。在会场周围要设立隔离地区，或者对会场实行屏蔽，特别主要的会议要对开会地点进行保密。对文字需要保密的会议，要防止会议文件的外泄，对会议的所有文字材料，要进行严格管制，对会议文件的草稿、讨论稿还有决策方案都要防止泄露。对保密的会议，要谢绝新闻记者的采访。

3. 会议的旅游观光服务

通常会议安排的旅游观光活动，首先要争取参会者的同意，按照参会者的要求安排旅游观光线路和项目。特别是对外宾提出的观光旅游要求要尽量满足，如果确实不能满足的，一定要做好解释工作。在旅游观光项目和路线确定之后，还要制订详细的旅行计划。

（1）会议旅游　会议旅游的安排，一般以中短线旅游为主，时间不宜太长。主要是参观当地的旅游景点，时间以控制在 48 小时左右比较合适。会议要为旅游观光者提供导游、景点票务、交通工具、住宿餐饮、线路报价，还要为旅游观光者购买旅游保险，安排异地往返票务等。最近几年，在会议观光旅游中，出现了跨国旅游项目，对此会议还要提供观光旅游者出入境服务和安全。

当然有的会议不安排观光旅游，作为会议的组织者，就要向与会者提供详细的当地旅游资源介绍手册。对会议举办地的一些著名景点、来往的交通情况、当地的土特产品情况、销售的企业和商店、当地的民俗风情等进行说明。同时，要为与会者提供一份当地的交通旅游详图，以弥补会议举办者不能安排观光旅游对与会者造成的遗憾，以取得与会者的谅解。

（2）商务考察　对于专业性参会人员和商务人员，他们更喜欢会议组织者安排进行商务考察。对商务考察，因为牵扯一定的企业，所以会议组织者要提前联系，安排妥当。在进行商务考察时，会议组织者还要提供交通工具、目的地的食宿、向导。如果需要还要邀请媒体，提供影像资料摄制和参观企业的有关资料。

4. 会议现场礼仪的注意要点

在会议的现场，会议组织者还要注意其他一些问题，要重点关注：

① 会议开始前要检查与会者的证件，也要确保警卫人员、其他安全保障人员到位，以保证会议的安全进行。在会议开始时要注意，如果是保密会议，就要让无关人员（包括记者）离开会场。

② 国际会议开始前要检查同声传译或翻译是否安排妥当，以保证会议的正常进行。

③ 保证会场的安静。在会议开始后，工作人员要关闭会场大门，以保持会场内的安静。同时，会议服务人员在提供服务的时候，也要注意会场的安静。在提供茶水和会议资料的时候，要尽量减少声音；在会场内走动时，要注意走动的声音；最后，要注意提醒会议参加者保持会议的安静。

④ 参加会议人员的礼仪。对会议的参加者，其表现是素质的反映。在会议进行的过程中，服务人员要关闭手机，或者将手机铃声设为静音或振动，防止铃声对会议的干扰。

四、能力训练

1. 训练内容

办会工作：会议筹备及议题、材料准备。

2. 训练目的

通过训练，掌握会议组织工作的基本要求和一般程度，熟悉会议筹备方案的主要内容，注重会议组织分工协调的重要性；熟悉会议材料的基本种类及一般要求。

3. 训练方式

① 结合学校实际情况，拟题"学校学生专业技能与就业专题研讨会"；

② 以5～6人为一组，确定小组负责人；

③ 每组就会议主题集中发表意见（书面）。

4. 项目能力培养体现

会议组织协调能力→调查研究能力→会议礼仪表现能力。

5. 训练环节与对应能力训练

（1）会议方案策划

① 会议方案策划分解

　　a. 确定主题：专业技能与就业

　　b. 确定会议时间、地点与规模

　　c. 确定会议议程

　　d. 确定小组分工

② 会议方案成文

对应能力训练：文字组织与事务分析能力。

（2）会议材料准备

① 撰写会议通知；

② 撰写各种确定发言专题内容；

③ 组织专题调查（课外准备）；

④ 调查数据（材料）分析；

⑤ 撰写发言稿。

对应能力训练：应用写作能力、调查研究能力。

（3）服务礼仪训练

① 会前服务礼仪

② 会中服务礼仪

③ 会后服务礼仪

对应能力训练：礼仪能力、事务处理能力、严谨细致的工作作风。

6. 学生结果性材料与成绩考核

① 会议方案一份（以小组为单位），40%；

② 会议通知一份，现场撰写，电脑输入，教师巡查打分，20%；

③ 专题发言稿一份（以小组为单位），40%。

7. 实训课时

2 课时。

模块 3　会后服务礼仪

一、教学目标

1. 终极目标

要求能够掌握会后服务礼仪。

2. 促成目标

初步具备执行会后服务礼仪的能力。

二、案例分析

1. 案例介绍

A 大学旅游系与 B 酒店有着关于饭店管理专业学习的合作项目。B 酒店是一家三星级外资酒店，以前在社会和旅游业界有较好的声誉。但最近，酒店的经营状况不尽如人意。在酒店实习的学生写信向系里反映情况，流露了中止在该酒店实习的想法。为了让实习生专心完成实习任务，C 老师受旅游系委派，到该酒店了解实习生实习情况，协助酒店进行实习生管理工作。经到人事部了解情况并召来实习在岗上班的学生谈话，基本达到目的。已近中午 12 点，为不给酒店增添麻烦，C 老师向主管人员告辞，主管人员提出与酒店主管人事的总监 D 女士见个面，于是又逗留了些许时间。之后，C 老师在人事部处的走廊等候下班的实习生一道去宿舍，借此看看酒店内部橱窗内容。这时，一个眼熟的身影走过，朝其背影看了看，"哦，总监女士下班了。"几分钟前还在一起谈话的人，她竟视而不见，擦身而过。于是，C老师突然悟出了实习生为什么不安心在这家酒店实习的原因：作为酒店重要部门的人事部，在接待协助酒店工作的外地学校教师2个多小时没有倒上一杯水；作为酒店高级管理人员的总监连正常人的礼节礼貌也不懂。

2. 案例分析

从这个案例中可以看出，这个酒店的旅游服务接待工作做得不好，所以直接影响酒店良好形象的塑造，导致酒店经营管理失败。

三、理论知识

（一）会后的礼仪工作

会议结束以后，负责组织会议的人员要有礼貌地将与会者送出会场。同时，应做好必要的后续性工作，主要包括：

（1）形成文件　这些文件包括会议决议、会议纪要等。一般要求尽快形成，会议一结束就要下发公布。

（2）处理材料　根据工作需要与有关保密制度的规定，在会议结束后应对与其有关的一切图文、声像材料进行细致的收集、整理工作。收集、整理会议的材料时，应遵守规定与惯例，应该汇总的材料，一定要认真汇总；应该存档的材料，要一律归档；应该回收的材料，一定要如数收回；应该销毁的材料，则一定要仔细销毁。

（3）欢送返程　大型会议结束后，其主办单位一般应为外来的与会者提供一切返程的便利。若有必要，应主动为对方联络、提供交通工具，或是替对方订购、确认返程的机票、船票、车票。在会议结束后要及时将预先购买的返程票交到与会者的手里，并且要确定无误。当团队与会者或与会的特殊人士离开本地时，还可安排专人为其送行，并帮助其托运行李。

在会议结束后的送行时，会议服务人员必须保持热情，要像欢迎与会者到来一样。首先，在会议结束后要安排主要领导和与会者告别。告别可以以欢送宴会的形式进行；还可以在会场门口告别；还可以到与会者房间告别。对重要客人要单独告别，以示重视。其次，要安排车辆送站。

（4）合影留念　会议也是一种聚会，它让各地专业相同的人士聚会到一起，为了加强以后的交流，会议要安排与会者合影留念。特别是一些重要会议和有领导参加的会议，会后合影留念已经成为会议必不可少的一项内容。

（5）费用结算　会议结束后，会议工作人员要及时进行账目结算，对与会者缴纳的费用，要采取多退少补。对会议的账目能公开的，要告诉与会者会议账目的明细。为与会者开具正式发票。

（二）致谢与会后宣传

会议结束后，在送走参会者，完成会议的收尾工作后，会议的组织者还要及时向会议的协办者和服务人员致谢，也要向与会者和参会领导致谢。会后致谢的方式有三种：

（1）登门致谢　对参与会议的主要领导和重要客人，在条件容许的情况下，争取做到亲自登门致谢。

（2）电话致谢　如果时间不容许或者其他原因，不能亲自登门致谢的，要及时用电话的方式，逐一向有关方面和领导表示真诚的谢意。

（3）电函致谢　要采用现代化的手段，如互联网等进行致谢。

会后的致谢是会议的重要组成部分，不能"人走茶凉"。中华民族是一个讲究礼仪的民族,他人对自己的帮助要铭刻在心,表示感谢是理所当然的事。而且通过致谢还可以加强与各方面的联系,沟通感情,建立良好的关系,为今后的工作打下基础。

四、能力训练

1. 训练内容

举行模拟会议。

2. 训练目的

通过训练,掌握会议组织的全方位内容,掌握会议期间的组织、协调、服务工作的基本要求,学会合理控制与调节会议节奏与气氛,做好会议文书工作。

3. 训练方式

以班级为单位,举行一次"学生专业技能与就业专题研讨会"。设置情景:标准会议室,设定上级领导或院方领导、来宾若干人。成立会务组,礼仪服务人员若干人。以小组为单位专题发言。

4. 项目能力培养体现

会务组织协调能力→文字组织能力→语言表达能力。

5. 训练环节与对应能力训练

(1) 会前布置、准备议题、会议方案审核

会场布置:座位牌制作与放置;会场环境布置、音响准备等。

对应能力训练:事物分析判断能力、会务处理能力、审美与效率意识培养等。

(2) 会议组织控制

会议发言人确定与表演:语言表达、应变协调等;小组发言人角色扮演;自由发言。

对应能力训练:语言表达能力、临场应变能力、胆量强化意识、会务控制能力等。

(3) 会务服务与材料整理

资料发放规范训练:方位、顺序、姿势、用语等;茶水服务、礼仪训练。

会议记录:除会务服务组、发言人外,原则上每位学生均作记录;摄影等。

对应能力训练:会议控制能力、服务质量意识、文字速记能力、秘书常用技能等。

6. 学生结果性材料与成绩考核

① 交会议记录一份,30%;

② 大会秘书组会议纪要一份,50%;

若为发言人,填写角色扮演自评表一份(教师设计),教师测评时作参考。

③ 过程表现测评,20%。

7. 实训课时

2课时。

项目 5　展 会 礼 仪

模块 1　展览会礼仪策划

一、教学目标

1. 终极目标

① 掌握展会策划的相关内容。

② 熟悉和掌握展前的宣传礼仪。

2. 促成目标

初步具备展览会礼仪策划能力。

二、案例

1. 案例介绍

据报道，在北京国际展览中心的一次国际制冷展上，美国"TRAE"公司取得了极大成功，人们被"TRAE"独特的展示设计所吸引。在"TRAE"公司亮丽的背景幕布上，悬挂着一张巨幅风景画，象征着"TRAE"公司为改善人们的生存环境而奋斗的目标。在展台上，两位美丽动人的礼仪小姐带着微笑和来宾们合影，一位专业摄影师用一次成像的相机把这一幕幕变成永恒。短短几天，大约4000人得到了自己与"TRAE"礼仪小姐的合影照片。"TRAE"公司成功的展览礼仪企划，一时被传为佳话。

2. 案例分析

从本案例可以看出，好的展览企划可以使公司在展览会上大赚人气，跨出展台，走向更广阔的世界。

三、理论知识

（一）展前礼仪策划的内容

展览会礼仪策划是指通过组织专业策划公司精心策划，为参加展览会的企业提供最完美、最优秀的参展活动设计方案。这个方案既包括硬件方面的会场选择，展位、展台布置，以及与之配合的各种声、光、电效果；也包括软件方面的宣传促销活动、展览礼仪模特和展览服务人员的培训及包装等。

企业或公司参加展览会的主要目的无非是提高其知名度，吸引客户，洽谈合作，在客户心目中树立自己良好的品牌形象，使公司或企业的优势最大限度地表现出来。但是要达到这些目的，前提条件必须是先把尽可能多的人吸引过来。那么如何进行展前礼仪策划呢？

① 首先要了解展览会的类型、企业品牌、产品特点、展台风格、展位的周边环境及竞争对手的情况。在了解这些情况的基础上，根据企业的特点，制订参展的明确目标。

② 通过所掌握的资料进行整个参展礼仪活动的创意策划。例如如何利用影视效果、解说效果、配音效果来吸引参观者的眼球，以突出参展商的单位和优势，扩大企业的影响力。

③ 根据展示风格，选择活泼开朗型、小巧玲珑型或者现代表演型的礼仪小姐和模特。

④ 根据选择的模特进行服装的设计和制作。展览服装总体要求新奇悦目，可按创意分为稳重型和明快型。总之，服装必须能充分表现一个企业的特色。

⑤ 根据创意将工作人员进行详细分工，例如解说员、演员、展示员、接待员等，并对不同的人员进行有针对性的培训。

⑥ 展览期间礼仪企划公司的管理及礼仪模特的发挥也对展览的成功有着很大影响。

在展会中，展前礼仪策划显得非常重要，活动中的几乎每一个细节都要按照展前礼仪策划来进行，以保证展览的顺利进行。

（二）展前宣传

企业参展的目的虽然不同，但是都希望自己参加的展会规模比较大，参展的商家和参观的人数都比较多。所以，在会展中尽可能多地邀请企业、客户参加展览，邀请高级别的领导光临展会，就成为参展企业的主要工作。由此可见，展前宣传成为展会举办者的一项重要工作。

1. 展前宣传的意义

（1）增加展位观众人数，避免出现冷场　如果会展的参展商和参展人数太少，一方面会影响会展的效果，影响企业的参展热情；另一方面会影响会展的质量，影响会展在观众、客户心目中的地位。

为了更多地吸引企业和客户参与会展，就必须加强会前的宣传，让客户和参展商更多地了解展会，积极地参与展会。

（2）提升参展企业的形象，创造企业竞争优势　展前的宣传工作可以扩大展会的影响，争取更多的客户和观众参观展会。客户和观众人数的增加，特别是更多著名企业的参展，会提升参展企业的知名度和影响力，树立企业良好的形象，使企业在未来的竞争中占据优势，这样对企业通过参展发展客户、吸引潜在客户有很大的帮助。

2. 展前宣传的类型

展前的宣传不需要很复杂，关键是选择恰当的方式把企业的参展信息传递给客户。具体要做到：

① 充分利用企业的宣传材料，介绍企业的产品和服务。

② 利用展会的影响力和展会的统一标识宣传企业。

③ 根据会展主办方提供的资料，积极向参观者和客户宣传自己的企业。

展前宣传推广的方式和渠道很多，主要包括以下几种。

（1）广告　广告是会展宣传的重要方式，也是招展和招商宣传的重要手段之一。广告在所有的宣传手段中，覆盖面最广，它可以覆盖所有的会展客户，让会展的宣传推广效果最大化。

会展宣传推广采用的广告主要有两种：媒体广告和户外广告。其中，媒体广告包括专业媒体广告和大众媒体广告。专业媒体广告以使用传统的报纸广告和杂志广告较多，但是现在网络广告开始以其独特的优势，在会展宣传推广中占据一定的位置。网络广告主要是通过网站来进行，在网络中通过不同的形式如有奖答题、新闻宣传、软性文章和图片等进行宣传推广。大众传媒主要包括电视、广播等。大众传媒以其覆盖面广、信誉高而获得展会的青睐。

关于户外广告，即会展商可以根据展览的不同卖点和亮点进行有针对性的宣传推广，比如，在人流量比较大的地区，采用海报、灯箱、广告牌、彩旗、宣传横幅等，还可以利用交通工具等广告载体。总之，广告的选择要有针对性，以达到最好的宣传效果。

(2) 新闻发布会 新闻发布会是进行展会宣传推广的主要方式，是媒体获得展会新闻的主要途径。由于媒体可信度较高，而且费用低廉，对会展宣传推广而言是最佳的选择。

展会举办者在展会开幕前一般都要召开新闻发布会，通过新闻发布会向外通报展会的特点、招商招展的情况、展品的范围、贵宾的邀请等情况，如2008年的北京奥运会、2010年的上海世博会等。展会闭幕后举行的新闻发布会，主要是介绍展出效果、参展商和参会观众的收获、贵宾参观情况以及展望未来展会发展等内容。

现在新闻发布会比较多，为了引起媒体记者的注意，展会组织者一方面要加强与媒体记者的沟通；另一方面，要加强新闻发布会的组织，让新闻发布会真正达到完美的宣传效果。

(3) 人员和机构推广 对展会的宣传推广还可以采用人员和机构推广的方式进行。

人员推广就是利用电话、传真和电子邮件等方式，与客户和参展商直接进行一对一的沟通和邀请。在利用电话、传真和电子邮件沟通和邀请时，工作人员要注意礼仪。在电话邀请时要注意，先打一个腹稿，有所准备，这样可以节省打电话的时间，同时这也是一个非常好的商务习惯。因为你并不知道接电话的人正在忙什么，在通话之前做到心里有数，可以有效地节省时间，提高电话沟通的效率。

电话打通后应该做一个简单的寒暄，用甜美、清晰的声音告知客户自己的身份、所在公司；然后迅速直奔主题，告知这次展会的内容，特别是展会将给客户带来的好处，不要闲聊天、东拉西扯，偏离所要表达的主要意思。在电话沟通时，态度要诚恳，语言要礼貌。通话结束时要有所提示，如说"再见"、"咱们下次再谈"等。

在用电话进行沟通的时候，一般应该把时间控制在3分钟以内，最长也不要超过5分钟。即便这一次沟通没有完全表达出你的意思，最好约定下次打电话的时间或面谈的时间，从而避免在电话中占用的时间过长。

用传真发送邀请函，也要注意礼仪。首先，要准备好有会展名称、举办时间、举办地点、展会内容以及诚挚邀请参会的恳切话语的邀请函；其次，打电话与对方沟通，告知对方将要发邀请函，请求对方接收，当对方同意后，要礼貌地询问对方的姓名、工作单位和传真号码，并详细记录核对；最后，在成功发送传真后，要再次打电话确认一下是否收到，并对对方表示感谢，诚恳请求对方阅读邀请函，口头再次发出邀请。

用电子邮件邀请的礼仪与用电话和传真基本相同。

机构推广就是利用各行业协会和商会、国内外的办展机构、国际组织、外国驻华机构和我国驻外机构、政府主管部门等合作进行的各种推广活动。机构在行业和社会中具有很高的信誉和权威，展会的举办需要得到机构的支持。

(4) 其他相关活动推广 展会活动的宣传推广，还可以其他的方式进行。建立良好的形象，是展会能够举办的一个重要条件。作为展会举办者，在日常生活中就要关心社会，通过参与社会公益事业树立良好的企业形象，培养良好的展会经营环境。同时，积极参加有关的行业协会等组织，扩大自己的影响力和知名度。展会的前期宣传和推广，不论以何种方式和手段进行，都应该明确宣传推广的目标，制订详细的宣传推广计划，安排合理的宣传推广费用，以便于宣传推广活动的实施，使宣传推广活动的效果最大化。

3. 展前宣传的重点

展会的宣传在展会的不同阶段，由于目的不同、需求各异，其侧重点是不一样的。在展前阶段，宣传推广的目的主要是进行"提示性"的宣传，是为展会造势，告诉专业人士和众多消费者有这样一个展会，希望他们参加。所以在展前宣传中参展商的服务目标应该主要从熟悉的客户入手，加强与老客户的联系，把展会的准确信息及时传送给他们，以获得他们对展会的支持；其次，要争取潜在的客户，要真诚地邀请潜在客户参与展会活动，尽量为他们的参与扫清障碍、创造条件。

为了增强展前宣传的效果，展会组织者还要注意：首先，要抓住客户。抓住客户的关键是让他对展会产生深刻的印象。心理学分析认为，人的一次性记忆是短暂的，容易受到其他事物的分散，只有不断加深才能形成长久记忆，一般人看一个东西，需要7次才能形成深刻的记忆。所以展会组织者要利用各种手段，反复向客户和消费者宣传，以使其保持深刻长久的印象。其次，提醒客户和消费者去参观展会。要利用发放各种纪念品的方式，提醒和加深客户及消费者对展会的记忆。

4. 合理安排展前宣传的时间，明确宣传主题

展会的主题一定要明确，使参展商、客户和消费者清楚地了解展会。在展前宣传中，切忌主题不明。

展会的邀请时间安排也很重要。如果邀请时间太早，容易被客户和消费者所淡忘；邀请的时间太晚，又会让客户和消费者无法安排时间参与。一般情况下，展会的邀请如果只进行一次，那么最佳邮寄邀请函的时间是在展前2~3个星期，这样被邀请者可以在展前4~5个工作日内收到邀请函，以做好参展准备；如果是计划多次邀请，那就可以从展前90天时开始发放第一封邀请函，然后过45天再发第二封邀请函，或者每两个星期寄一次也可以。

在制作展会邀请函时要注意：①被邀请者的姓名一定要准确，并且尽可能用手写。②邀请函要选用优质和有特色的纸张印制，要有本企业或者展会的特色标志。③邀请函的内容要用辞准确，选用能引起注意的词语。如"宣告"、"机密"、"简单"、"免费"、"特别推出"、"你曾注意过……吗"等。④邀请函的用语要热情、生动、诙谐、恳切。

5. 其他注意事项

① 合理选择媒体。宣传媒体的选择不是越多越好，而是要有效组合。要选择有实力的广告公司合作，制定有冲击力的广告主题和广告语。

② 要注意与行业协会的合作，争取行业协会的协办。

③ 合理安排广告时间。广告时间的安排非常重要，据美国的专项调查，连续登6次广告的展会吸引的参展商会增加50%，如果登12次就会增加70%。

④ 加强各种宣传方式的宣传技巧，增加创意，获取最满意的宣传效果。

（三）参展人员的构成与培训

对会展企业来讲，企业员工个体的礼仪形象直接代表着企业的整体形象，直接反映着企业整体素质、经营管理规范程度和企业的组织文化，代表着企业产品和服务的质量和信誉，直接影响企业的社会认可度和美誉度，最终影响着会展企业终极目标的实现。因此，参展服务人员的配备是至关重要的。

1. 会展工作人员的构成

会展工作人员一般可以分为筹备人员和展台人员两部分。

（1）筹备人员　所谓筹备人员是指在展会中负责各项筹备工作的人员，主要包括设计、施工、运输、宣传、广告、公关、行政、财务、后勤等方面的工作人员。筹备工作人员是"幕后英雄"，他们虽然不和客户直接接触，但是展会的大部分工作是由他们完成的，他们是展会成功的重要因素。

(2) 展台人员 展台人员是指展会中负责展台方面的所有工作人员,包括接待客户、介绍产品、记录情况、洽谈贸易、签订合同等工作的人员。展台工作人员按照工作职责,是和客户及消费者直接交流的人员,他们代表企业的形象,在展会期间他们扮演着企业"形象代言人"的角色。

2. 会展工作人员的配备和选拔

会展工作人员的素质决定着会展的成败,所以会展工作人员的配备和选拔,对会展企业显得尤为重要。一般来说,会展工作人员的配备和选拔主要从以下几个方面考虑。

(1) 以工作性质确定工作人员 展会是一个多部门协作的活动,因此,在工作人员的选拔和配备上,要结合不同部门的需要,配备不同的人员。比如,在选拔筹备人员时,要从企业的广告、宣传等部门中选择,这些人员的素质适合筹备工作的需要,能够更快地适应工作的要求;展台工作人员一般从企业销售、信息、技术、公关、生产等部门中选择,他们熟悉产品,了解相关的信息,有一定的经验,和客户直接交往时具有一定的优势。当然对一些行业展会,由于技术性比较强,所以要选择专家和技术人员参与到展台工作中,以满足专业参观者的需要。当参展者中有高级管理人员时,就要相应地配备公司的高层管理人员到展台服务。

(2) 以工作任务配备工作人员 对工作人员的选择,除了要从质量上保证之外,也要从数量上满足不同部门的需要。对于筹备部门的人员,要满足展会前期的策划、展台的布置、展会的宣传等工作需要,因此人员配备上要相对充足。对于展台工作人员的配备,就要采取灵活的方式,在展会开幕、参展人员较多时,要适当多安排展台工作人员,防止出现因接待人员偏少,影响接待能力,造成服务质量降低,企业形象受到影响的后果;而当参展人员较少、展台面积较小时,要适当减少展台工作人员的数量,防止出现因展台工作人员过多而出现的杂乱无章、资源浪费等现象。

总之,展台工作人员的多少,要按照展台工作的需要配备,由于展台工作人员代表企业形象,所以,在选择上要重质不重量。展台工作人员的数量也可参考下式来计算:

$$展台工作人员的数量 = \frac{单位时间内的参展人数}{工作人员在单位时间内的可接待人数}$$

例如:单位时间以 1 小时计,每小时的客户数量为 48 人,每个展台人员每小时可接待 8 个客户,使用上式计算:48÷8=6(人),即展台工作人员应设 6 人。

标准展位一般最多安排两名工作人员。

(3) 会展工作人员的基本素质和个性 会展工作人员的选拔要从个人素质、工作技能、专业技能和性格类型等方面综合考虑。要优先选拔有参加和组织会展经验、会展专业知识丰富、交际能力强、具有协作精神的人员。当然展会分工不同,选拔人员的基本素质要求也有区别。比如,对展会筹备人员,重点考核其专业能力和参加并组织会展的经验;对展台工作人员,在考核基本素质的同时,由于他们代表企业形象,所以,对他们还要重视其仪态、仪容、仪表,考察语言表达能力、性格类型、沟通能力、交往技巧等。选拔展台人员有一个 PEOPLE 规则,其中 P(People)指以人为本;E(Enthusias)指友好热情;O(Observe)指善于观察;P(Production)指产品知识丰富;L(Listener)指好的聆听者;E(Earnest)指设身处地为客户着想。

(4) 参展工作人员的包装和培训 会展工作人员的配备,原则上以熟悉会展业、了解会展知识、性格比较外向、积极乐观、具有人格魅力、善于沟通的人员为主,尽量不使用或者少使用新人。

对展会工作人员要在选定后进行包装和培训，使其达到展会工作负荷重、压力大、业务能力高、开拓性强的要求。

首先，对参展工作人员要进行包装。展会工作人员代表企业形象，他们的一言一行都会对企业形象产生影响。特别是潜在的客户，他们对企业的了解不深，往往会凭借在展会中对工作人员的主观印象来形成对企业的好恶，因此，第一印象特别重要。所以企业对展会工作人员的职业形象培养要特别关注，精心包装，注重细节，提升品位。西方心理学家研究认为，在人际交往中，一个人的外表占其个人印象的55%，说话的声音和方式占38%，而信息和内容只占7%。外形包装的重要性就不言而喻了。对会展工作人员从穿戴、说话、化妆、肢体语言等都要进行包装。

其次，对参展工作人员还要进行培训。包装只是外在的改变，真正要成为一个优秀的会展工作人员，还需要进行专业的培训，以提高其内在的素质，"台上一分钟，台下十年功"，是对优秀员工在素质提高方面的真实写照。一个专业、优秀的员工的素质，需要长时间的培训和养成。对会展工作人员的培训一般在展会开始前3个月就应该进行。培训的重点一方面是加强员工的自身修养，建立高尚的价值观，培养积极乐观的心态；另一方面是敦促员工不断学习，提高专业素养。掌握一定的专业技能，了解本行业特定的行为规范或行为标准，培养自己的职业素养，养成良好的职业习惯，是成为成功者的必由之路。

对会展工作人员的培训，主要从以下三个方面进行。

第一，对会展基本情况的培训。每一次展会的情况都不同，为了更好地提供服务，在上岗前要对工作人员进行展会基本情况的培训，让他们了解和熟悉展会。①了解人员构成。展会工作需要团队合作，每一个展会工作人员都要熟悉工作伙伴，了解各部门情况，明确岗位责任。②熟悉会场布局。展会特别是大型展会，人员多，会场杂，所以，会展工作人员要熟悉展会的所有情况，包括展会的名称、展会场馆的地点位置、展会的日期、展览举办的时间、疏散通道、卫生间、停车场、办公室、餐厅的具体位置，各公司展台的位置、展台的布局等详细情况。③掌握展览计划。展会工作人员还需要掌握展会的计划安排和企业的活动方案。包括企业参展的目的、目标观众、开闭幕仪式、贵宾接待等。④深知展品情况。会展工作人员要对展出的产品有深刻了解，比如产品的性能、特点、用途、主要技术指标、价位、售后服务情况等。⑤详细了解市场。展会工作人员还必须详细地掌握市场的发展变化，了解市场的现状、熟悉产品的销售渠道和规模、了解同类产品的情况、知道产品的市场定位等，为参展企业提供有效的信息。

第二，工作职责的培训。在确定了工作人员的岗位后，要对其进行岗位职责的教育，使其熟悉自己的岗位及岗位的要求。明确工作责任和工作标准等方面的细节，如资料的发放程序、观众的接待流程等。

第三，业务技能的培训。会展工作人员还必须接受专业技能方面的培训，加强对专业知识及产品性能演示方法等的了解。业务培训要系统正规地进行，使培训达到最佳的效果。

四、能力训练——推介会设计

1. 实训内容

阅读下列资料，设计一个推介会的流程，重点推介沈阳机车车辆厂地块。

2008年3月20日上午，沈阳皇姑区举办地产项目推介会，共推出36个地块，总占地面积405.81万平方米。当日，5个地块找到"婆家"，总投资额达到23亿元。

据皇姑区副区长张志刚介绍，此次推介的地块大多是危旧房，居民的居住环境较差，改造后将大大提高百姓的居住水平。据介绍，现场签约的七三九医院南地块就涉及居民200多户，该地块位于黄河北大街，本月即将挂牌公示，预计4月就开始拆迁。按照计划，今年年底完成拆迁，明年主体工程建造完成，建成后，不仅有住宅、公寓，还有三星级酒店。而位于怒江街、昆山西路西北角的怒江街西地块也将在近期拆迁，改造后将建设律师楼及宾馆等。此外，推介会还重点推出了沈阳机车车辆厂地块，该地块位于一环路以东、昆山路以南，占地面积84万平方米，是目前一环内最大的地块，规划为沈阳制造服务业聚集区、皇姑区西部城区的商业中心。

2. 教师观察
① 观察学生对展览策划和服务的能力。
② 模拟培训展会服务人员，学生之间互相选择，并培训。
③ 学生对推介项目的宣传能力。

模块2 展览会中的礼仪

一、教学目标

1. 终极目标
① 熟练掌握展览会中的礼仪。
② 熟悉企业参展人员的构成情况和培训。

2. 促成目标
初步具备运用展览会中礼仪的能力。

二、案例

1. 案例介绍

提到模特，人们通常会把她们和T形台、时装表演联系到一起，而对于展览会模特人们却知之甚少。人们在参观展览会后，经常会提到，"香车美女"、"钻石美女"、"手机美女"等，因此，很自然地会想到展览会模特就是请几位漂亮的女孩，站在那里陪衬展品或发放宣传资料以吸引来访者。其实这里仅说对了一点，用漂亮女孩来展示产品或发放资料是为了推广企业形象、宣传企业品牌，但单单是漂亮远远不够。

1996年中国国际汽车展中，世界名车云集，盛况空前，展会取得了极大成功。在成功的背后，展览会中的礼仪策划功不可没。奔驰、宝马、本田、三菱等名车不仅在展台设计、技术专业人员上花了大力气，更在礼仪人员的选择培训等方面下了工夫。当参观的人们走进展览会时，本田车的礼仪模特嗓音清澈的解说，让人赞叹不已；福特车的礼仪模特的现场表演更让人流连忘返。精美的展台、高素质的礼仪模特，与汽车的品牌、车型、风格巧妙融合在一起，相得益彰，体现出车展在礼仪策划上的精细和独具匠心。

2. 案例分析

由此可见，展览会对礼仪模特的要求不仅是外貌漂亮，还要具备良好的公关素质，如较强的应变能力、流利的解说能力、较好的表现能力和丰富的礼仪常识等。有的企业认为有专业技术人员就可以了，不需要礼仪模特——不错，技术人员可以在现场口答观众提出的技术问题，可是技术人员很难在短时间内吸引客户的视线。但是，有漂亮的、高素质的模特助展，效果就会大不一样。

三、理论知识

（一）展览中的整体形象与解说礼仪

参展单位在正式参加展览时，必须要求自己的全部派出人员齐心协力、同心同德，为大获全胜而努力奋斗。在整体形象、待人接物、解说技巧等三个主要方面，参展单位尤其要予以特别的重视。

1. 要努力维护整体形象

在参与展览时，参展单位的整体形象直接映入观众的眼里，因而对单位参展的成败影响极大。参展单位的整体形象，主要由展示之物的形象与工作人员的形象两部分构成。对于二者要给予同等的重视，不可偏废其一。

（1）展示之物的形象　展示之物的形象主要由展品的外观、展品的质量、展品的陈列、展位的布置、发放的资料等构成。用以进行展览的展品，外观上要力求完美无缺，质量上要优中选优，陈列上要既整齐美观又讲究主次，布置上要兼顾主题的突出与观众的注意力。而用以在展览会上向观众直接散发的有关资料，则要印刷精美、图文并茂、资讯丰富，并且注有参展单位的主要联络方法，如公关部门与销售部门的电话、电报、电传、传真以及电子邮箱的号码等。

（2）工作人员的形象　工作人员的形象则主要是指在展览会上直接代表参展单位露面的人员的穿着打扮问题。在一般情况下，要求在展位上工作的人员应当统一着装，最佳的选择是身穿本单位的制服，或者是穿深色的西装、套裙。在大型的展览会上，参展单位若安排专人迎送宾客，则最好请其身穿色彩鲜艳的单色旗袍，并胸披写有参展单位或其主打展品名称的大红色绶带。为了说明各自的身份，全体工作人员皆应在左胸佩戴标明本人单位、职务、姓名的胸卡，唯有礼仪小姐可以例外。按照惯例，工作人员不应佩戴首饰，男士应当剃须，女士则最好化淡妆。

2. 要时时注意待人礼貌

在展览会上——不管是宣传性展览会还是销售性展览会，参展单位的工作人员都必须真正意识到观众是自己的上帝，为其热情而竭诚地服务则是自己的天职。为此，全体工作人员都要将礼貌待人放在心坎上，并且落实在行动上。

展览一旦正式开始，全体参展单位的工作人员即应各就各位，站立迎宾。不允许迟到、早退、无故脱岗、东游西逛，更不允许在观众到来之时坐、卧不起，怠慢对方。

当观众走近自己的展位时，不管对方是否向自己打招呼，工作人员都要面含微笑，主动地向对方说："你好！欢迎光临！"随后，还应面向对方，稍许欠身，伸出右手，掌心向上，指尖直指展台，并告知对方："请您参观！"

当观众在本单位的展位上进行参观时，工作人员可随行于其后，以备对方向自己进行咨询；也可以请其自便，不加干扰。假如观众较多，尤其是在接待组团而来的观众时，工作人员亦可在左前方引导对方进行参观。对于观众所提出的问题，工作人员要认真作出回答，不允许置之不理，或以不礼貌的言行对待对方。

当观众离去时，工作人员应当真诚地向对方欠身施礼，并道以"谢谢光临！"或是

"再见!"

在任何情况下,工作人员均不得对观众恶语相加或讥讽嘲弄。对于极个别不守展览会规则而乱摸乱动、乱拿展品的观众,仍须以礼相劝,必要时可请保安人员协助,但不允许对对方擅自动粗,进行打骂、扣留或者非法搜身。

3. 要善于运用解说技巧

此处所说的解说技巧主要是指参展单位的工作人员在向观众介绍或说明展品时,所应当掌握的基本方法和技能。具体而论,在宣传性展览会与销售性展览会上,其解说技巧既有共性可循,又有各自的不同之处。

在宣传性展览会与销售性展览会上,解说技巧的共性在于:要善于因人而异,使解说具有针对性。与此同时,要突出自己展品的特色。在实事求是的前提下,要注意对其扬长避短,强调"人无我有"之处。在必要时,还可邀请观众亲自动手操作,或由工作人员对其进行现场示范。此外,还可安排观众观看与展品相关的影视片,并向其提供说明材料与单位名片。通常,说明材料与单位名片应常备于展台之上,由观众自取。

宣传性展览会与销售性展览会的解说技巧又有一些不同之处。在宣传性展览会上,解说的重点应当放在推广参展单位的形象之上。要善于使解说围绕着参展单位与公众的双向沟通而进行,时时刻刻都应大力宣传本单位的成就和理念,以便使公众对参展单位给予认可。而在销售性展览会上,解说的重点则必须放在主要展品的介绍与推销之上。按照国外的常规说法,解说时一定要注意"FABE"并重,其中,F指展品特征,A指展品优点,B指客户利益,E则指可信证据。要求工作人员在销售性展览会上向观众进行解说之时,注意"FABE"并重,就是要求其解说应当以客户利益为重,要在提供有利证据的前提之下,着重强调自己所介绍、推销的展品的主要特征与主要优点,以争取使客户觉得言之有理,乐于接受。不过,争抢、尾随观众兜售展品,弄虚作假,或是强行向观众推介展品,则不可取。

(二) 展台礼仪

1. 展位设计有特色

展台礼仪的主要一点首先体现在展位设计上。在展览会特别是大型展览会中,展位众多,观众参观比较分散,如何让观众青睐自己的展位,就必须在展位设计上下工夫。展位设计要有特色、新颖,在展板设计、产品摆放上力求美观与创新相结合,这样才能吸引观众的注意。在展品的选择上,企业要优先选择自己的优势产品,要遵循针对性、代表性和独特性的原则;在展示方式上,要使用各种现代化、高科技的手段,对产品的展示进行渲染,扩大企业的影响。

2. 热情待客

展会实际就是现场营销的战场,在展会上只有让客户高兴才可引起客户的兴趣,提升客户对展览的注意。展会上容易分散参展人员注意力的因素很多,例如噪声、表演者等。只有让客户排除外界的干扰,才能专心关注你的产品展览。而排除干扰的最好方法,就是对客户的热情接待。

因此,在展会中,展会工作人员首先要主动地接近客户,与客户积极地攀谈,建立良好的情感。其次,展会工作人员要热情礼貌地对待每一个经过展位的观众。要微笑服务,热情欢迎,可使用热情的语言,如"您好,欢迎参观"、"欢迎您的光临"等。再次,要满足客户和观众的一切要求。对客户的询问要耐心细致地回答,并为客户提供详细的宣传资料,对客户要礼貌地留取联络方式,特别是潜在客户。最后,对客户和观众要热情送别。要用礼貌的语言如"欢迎再次光临"、"谢谢惠顾"等。

3. 善于交流

对于展台接待人员而言,除了能熟练地使用接待礼仪之外,还要具备较强的沟通能力,有较好的亲和力。作为一个优秀的展台接待人员,还应具备巧妙设计与陌生人交谈时的开场白的能力、流利的解说能力等。

在与客户和观众的交流中,接待语言要简洁、明了,要选择简短而有条理的用词,不要拖泥带水。例如在与客户交流时的开场白就很重要,如何设计一段好的开场白,应该注意以下条件:

(1)准备好开放式的问题　开放式的问题是最常见的开场白,常见的问题有:①"您怎么会来参观这场展览呢?"②"您对某某产品熟悉吗?您用过某某产品吗?"③"您有什么需要吗?"④"您喜欢这次展会吗?"①和②这样的开场白基本可以引起与客户的谈话;③和④这样的开场白效果就比较差,不利于将谈话引向深入。所以在准备开放式的问题时要注意选择。

(2)引导观众从他们的工作和爱好展开话题　"您是从事这方面的工作吗?""您对我们的产品感兴趣吗?""哪些方面的信息是您希望得到的?""您在某某方面最迫切的需要是什么?"这样的开场白效果就比较好,一方面使双方的交谈容易形成共鸣;另一方面可以进行更深入的探讨,引起客户和观众的兴趣。

4. 学会倾听和解说

(1)倾听　展会工作人员在与客户交流的时候,还要注意学会倾听,倾听是沟通的一个很好的方法。展位上的倾听十分重要,接待人员应专注而有意识地注意倾听。

第一,要耐心倾听。作为展会接待人员,是要把自己的产品介绍给客户,但介绍要注意方法,其实最好的介绍就是倾听客户的需要。要首先弄清楚客户的需要,然后才能有的放矢地去介绍产品,要树立以客户为中心的思想,把80%的注意力放在倾听客户需求上,用20%的时间向客户介绍产品就足够了。通过倾听让客户感觉到你的诚意和尊重,建立起良好的互动关系。

第二,要礼貌倾听。在倾听客户的谈话时,不要轻易打断客户的谈话,要认真倾听;要有礼貌,倾听时要看着客户的眼睛。对客户提出的问题,不管难度有多大,都要耐心回答;对客户的谈话,要适时地给予补充,引导客户的谈话方向。在倾听的过程中,要发现信息,了解问题,争取把潜在客户变成实在的客户。

在倾听中还要注意细节,注意倾听对象的选择,对那些"伪客户"不要在他们的身上浪费太多的时间。同时要注意观察客户的肢体语言,以准确判断客户的心理,延长或及时结束交谈。

(2)解说　展会工作人员不仅要倾听,更要学会向客户进行讲解。讲解时要注意语言流畅、声调柔和、用词准确、口齿清晰。解说要注意技巧,要善于因人而异,具有针对性,讲解时在坚持实事求是的原则下,要对不同的对象"扬长避短",突出特点。在讲解的方法上,还可以尝试让观众和客户亲自参与,了解和感受产品,以赢得观众和客户的认可。展会工作人员在讲解时还要注意技巧。

5. 给客户提供有用的信息

在与客户建立信任,开始正常交流后,就要了解客户对产品的需求信息,运用逻辑和情感分析客户的需要,及时为客户提供所需要的商品信息。

作为展台的工作人员,可能非常了解和掌握自己展台上的商品,也很想让客户通过介绍了解自己展台的商品,甚至了解自己的公司。但这是不可能的。一方面展会上客户的了解只是走马观花,不可能对一家的商品有更深的了解,对你的讲解也只是礼貌地接受。另一方面,潜在的客户对展会的介绍总是存在疑问,客户不可能详细地了解产品信息。所以在展会下要加强与客户的联系。对实在客户,要根据客户告诉你的信息,及时把你所掌握的一切商品信息告诉客户。对潜在客户,要想法打消他的疑虑,及时为客户提供解决疑虑的多种方案,问他"如果我可以帮助你解决这个问题,你还有其他的什么顾虑吗?"等问题,也可以动员其他工作人员,共同为客户解决问题,如果当时解决不了的,可以随后想法解决,但要诚实,不能欺骗客户。

(三)展台工作人员礼仪

展会的展台布置固然重要,但实际更重要的不是展台,而是展台工作人员。展位接待人员的形象代表了整个企业的形象,客户和观众首先面对的不是企业,而是展台工作人员,因此展台工作人员决定着展会的成败,也决定着参展人员对展会的印象。

如何让展台工作人员能在客户和观众短暂的参观中,抓住客户、吸引客户呢?

1. 展会工作人员要注重仪表礼仪

仪表即人的外表,是一个人精神面貌的外观体现,它一般包括人的仪容、仪态、服饰等具体因素。仪容,即人的相貌。它是一个人仪表的基础内容;仪态,即人的行为姿态,它是一个人仪表的动态因素;服饰,即人的穿戴打扮,是一个人仪表的补充成分。人不仅应该有美好的内心,而且也应该有美好的外表。仪表美不仅是物质躯体的外壳,它也从一个侧面反映出人的思想修养、精神气质,甚至反映社会文明的发展水平。特别是直接面对观众的展台工作人员,85%的参观者的第一印象都来自于他们,对是否与参展公司建立业务关系,展台工作人员的影响因素也占80%。而员工展示给顾客的第一印象就是他的仪表仪容。

(1)服饰礼仪 服饰是对人们衣着及其所用装饰品的一种统称。展台工作人员注重服饰不仅能取悦观众,也能起到提升公司的地位和品牌的作用。服饰礼仪不仅关系到个人形象,也关系到企业的形象。职业服饰的选择要坚持四个原则:①服饰要与展位环境协调。不同的展会主题、展会场合,要选择不同的服饰。②服饰要与自己的职业、身份、性别和年龄协调。不同职业的人,在职业服饰上有所不同。不同身份的人,要选择与身份相符的服饰,才能体现其身份和责任感。③服饰要与节气、民俗协调。不同的节气选择不同的服饰。服饰也要和当地的民俗相适应,特别是在国外参展。④服饰要和自己的身体条件协调。要根据自己的身材、肤色、体型选择服饰。

对大多数展会来说,展位接待人员应该着统一的服饰,一般以深色的西装、套裙为主,也可穿本公司的制服,这样的着装能体现员工的庄重、典雅。但是,根据展会的主题,适当选择休闲服饰,也不失为一个好的创意,有时候能起到特殊的作用。

不管选择什么服饰,一定要注意自己的"脚下生辉",特别是对会展工作人员。

在选择服装的同时,要注意搭配必要的饰物,比如有公司标志的领带、围巾等,同样可以起到宣传和画龙点睛的作用。

(2)仪容礼仪 讲究对容貌的修饰,既能体现对客户的尊重,又能体现自尊自爱。展会工作人员通过对面容的精心修饰,以美丽动人的容貌和自信的精神状态出现在服务工作中,给人以美的享受和心理的满足,烘托出时代的气氛和职业环境的特色。

但是，对会展工作人员，在修饰容貌的时候要注意：一是要坚持自然美，要体现出青春活力；二是注重清洁卫生；三是发型朴实大方，具有职业规范；四是化妆淡雅自然，切忌浓妆艳抹。

（3）仪态礼仪　仪态是指人在行为中的状态和风度，良好的仪态既是体态美的展示，又是其内在修养和心理状态的自然流露。良好的仪态来自于人们高尚的品质情操、广博的知识、良好的心理品质和独到的思辨能力，是和正确的站姿、优雅的坐姿、雅致的步态、恰当的手势、真诚的表情、和蔼的态度和优美的动作等的和谐统一。仪态举止是会展工作人员不可忽视的重要内容。

仪态是通过姿态表现出来的，姿态是一种肢体语言。据统计，肢体语言在展会中对宾主之间的交流有45%的决定权。人们在交谈中，一个眼神、一个表情、一个微小的手势和体态，都可以传递出丰富的内心世界，真可谓"此处无声胜有声"。姿态这种语言的表达效果比起有声的口头语言有时会更丰富、更生动，表现出真实诚恳的心态。这种非语言式的交流通常会给对方一个暗示，即使还没有开口说话，来客已经形成一定的看法了。

2. 与客户交流的细节

展会工作人员要注意待人接物的礼貌，展览一旦正式开始，服务人员就要各就各位，站立迎宾。与客户交流时，要注意各种细节。

（1）手的位置　在展会中，工作人员的手是一个很好的工具，它可以为语言和活动添彩，也可以让行动失色。对展会工作人员而言，首先就是摆好手的位置，手的位置最好的摆放就是自然。如果过于拘谨或者僵硬，都会给客户以错误的信息，比如手放在裤兜、背在身后、双臂环抱胸前或者将手叠放在身前等，都是不正确的，因为手的这种位置表达的意思是：我不想回答你的问题，我只是看展台的。因此手要动起来，可以拿一些材料送给客户，但不要拿得太多，否则别人会以为你是发传单的。

当然，展会工作人员也可以借助手势来增加交流的效果。手势在人际交往中有重要的作用，手势是动态美，可以加重语气，增强感情的表达，能在交际和会展服务中起到锦上添花的作用。规范适度的手势，给顾客以彬彬有礼、优雅大方、真诚含蓄的感受。

手势的使用不宜过多，幅度不宜过大，一般手势保持五指伸直并拢，掌心斜向上方，腕关节伸直，手与前臂形成直线，以肘关节为轴，弯曲140°左右为宜，手掌与地面基本形成45°角。

（2）表情交流　是人们交际时的面部变化，是人们体态语言的一种表现形式，是思想感情的外露，具有沟通感情和传递信息的作用。在人际交往时喜、怒、哀、乐等表情最为常见。一个人的眼睛、眉毛、嘴巴和面部表情肌肉的变化，能表达一个人不同的感情。

① 微笑。微笑是最富有吸引力、最令人愉悦的表情，是友善、自信的表现。展会工作人员的微笑服务是一种健康的表情，是工作的需要，是对自己从事的服务行业的一种肯定性的心理表现。微笑服务可以给客户留下好的第一印象，创造出融洽、和谐、互尊、互爱的气氛。真诚的微笑给客户以积极的诱导作用，表现在：客户光临时，微笑是欢迎曲；初次见面，微笑是问候语；客户过节，微笑是祝贺词；工作中出现差错，微笑是道歉语；客户离开，微笑是欢送词。美国希尔顿饭店公司董事长康纳·希尔顿曾说过："我宁愿住进那虽然只有旧地毯，但处处能见到微笑的旅店，也不愿住进只有一流设备而不见微笑的饭店。"微笑服务就是让客户来时"宾至如归"，走后"宾去思归"。

微笑应该是略带笑容，不出声的笑。微笑应该甜美，笑得温柔友善、自然亲切、恰到好处，给客户以愉悦、舒适、幸福、动人的好感和快感。微笑应该真诚，是发自内心喜悦的自然流露。不要缺乏诚意，强装笑脸；不要露出笑容马上收起，皮笑肉不笑；不要仅为情绪左右而笑；不要只把微笑留给领导。

② 眼神。眼睛被称为"心灵的窗户"，这是因为心灵深处的奥秘都会自觉不自觉地从眼神中流露出来。印度诗人泰戈尔说："一旦学会了眼睛的语言，表情的变化将是无穷无尽的。"这说明眼睛语言的表现力是极强的，是其他举止无法比拟的。一双炯炯有神的眼睛，给人以感情充沛、生机勃发的感觉；目光呆滞麻木，则使人产生疲惫厌倦的印象。

在人与人之间进行交流时，目光的交流总是处于最重要的地位。信息的交流要以目光的交流为起点。交流过程中，双方要不断地应用目光表达自己的意愿、情感，还要适当观察对方的目光，探测"虚实"。交流结束时，也要用目光做一个圆满的结尾。在各种礼仪形式中，目光有重要的位置，目光运用得当与否，直接影响礼仪的质量。

展会中，眼神的交流要注意两个方面：一是用眼睛观察来访者。对客户的了解最直接的办法就是观察他的眼神。当你的眼光投向他时，如果他回应，就说明他有交流的意愿；如果他回避你的目光，那就说明他不愿意与你交流。二是目光要热情诚恳。展会工作人员对客户投出的目光要可靠、亲切、值得信赖，给客户以安全感，让客户坚定与你继续沟通的决心。

在工作中要忌讳使用一些眼神。不可直视，旁若无人，显示高傲；不可左顾右盼，表示心中有事，精力不集中；不可只与客户打招呼，而不注视对方，表示不欢迎；不可瞪眼凝视对方，这表示敌意，使对方无安全感；不可斜眼、白眼扫视对方，这表示鄙夷和反感；不可正视逼视对方，这表示命令，让对方有压抑感；不可不停上下打量对方，这表示挑衅；不可眼睛眨个不停或眯着眼睛看对方，这表示疑问和轻视；不可眼睑微睁、目光涣散看对方，这表示无精打采，无工作热情。

③ 语言沟通。在展会的接待中，语言的运用是一个重要的方面，良好的语言表述对工作的完成具有重要的作用。在语言沟通中要注意：一是语言要精练。在和客户的交流中，要使用精炼的语言，简明扼要地向客户介绍公司的产品和服务，语言不要复杂，内容不要杂乱，时间不要过长，以免引起客户的反感。二是要注意运用语言技巧。在沟通前先要了解客户的需求，根据客户的需求设计问题，由浅入深，逐步向问题的核心发展。三是要注意语调的运用。对客户的语言运用要柔和，避免声音刺耳。

（四）模特礼仪

会展特别是商业展览中，参展商的参展目的就是要宣传自己的产品，扩大自己公司的知名度。为了更好更多地吸引参观者和客户，参展商经常邀请专业广告公司为自己设计，同时聘请职业模特为公司产品做宣传。比如，北京国际汽车展的"汽车女郎"，已经成为汽车展的一道亮丽的风景线。对参展的模特要进行展前培训，让她们了解产品知识，理解参展企业的文化，掌握展会的内容和主题，使模特的工作能准确到位，这样对展览的成功有重要的作用。

四、能力训练——模拟展位接待

1. 实训目的

通过案例操作，要求学生掌握展位接待人员的礼仪规范和展位接待的要素。

2. 实训内容

阅读下列材料，分组讨论。

2009年沈阳春季房地产博览交易会于4月16日至4月23日在沈阳国际会展中心举行，此次展会由沈阳、鞍山、抚顺、本溪、营口、阜新、辽阳、铁岭八城市人民政府共同主办，共推五次活动一起振奋辽宁的房地产市场。这五项活动是：

① 首次推出"押旧房买新房"活动；

② 举行展会购房周活动；

③ 百姓购房需求大征集活动；

④ 购房摇大奖活动；

⑤ 百姓购房大课堂活动。

在这5项活动中，"押旧房买新房"活动是首次推出，这项活动是指个人以原有住房（旧房）进行抵押贷款，用以支付新购买商品住房（新房）的首付款，然后以按揭贷款方式或其他方式筹措资金支付新房尾款，是一种"押旧买新"、"先买新房后卖旧房"的全新交易模式。旧房抵押贷款期限为3年，偿还方式为"按月还息、一次还本"，旧房抵押的利息和查档证明费、抵押登记费、担保费、评估费等由销售新房的开发商支付。

2009年3月30日，第十一届房交会组委会在太原街、中街、北街等繁华地点向广大市民发放房交会《观展邀请函》，正式向市民发出观展邀请。而市民们关注度最高的，是于3月31日启动的房交会预展活动。

预展共五场，分五个地点进行。五场预展的时间、地点分别为：4月1日10:00~20:00，金厦广场；4月2日10:00~15:00，辽宁大厦广场；4月8日10:00~15:00，中山广场；4月9日10:00~15:00，滑翔广场；4月15日10:00~20:00，鹏利广场。

展会主会场：沈阳国际展览中心

展览时间：2009年4月16日~4月23日

展览规模：1000个国际标准展位

参展范围：沈阳、鞍山、抚顺、本溪、营口、阜新、辽阳、铁岭八城市及大连市房屋开发商

3. 讨论主题

① 设想你是一个参展商，你的展位接待应注意哪些问题？展位接待应按哪些礼仪进行？

② 模拟一家房产商，按照设定的房屋特色，拟写接待解说词。

③ 进行模拟解说，并互相点评。

4. 教师观察

① 学生的合作态度和参与的积极性。

② 观测学生是否掌握展位接待的程序，是否理解展位接待人员的形象要求。

模块3 展览会后的礼仪工作

一、教学目标

1. 终极目标

了解展览会后的礼仪评估。

2. 促成目标

初步具备展览会后礼仪的能力。

二、案例

1. 案例介绍

沈阳某会展企业曾经非常优秀，前几年他们承揽了沈阳的大部分展会，生意非常兴隆。但是因为该企业缺乏长期规划，一方面没有及时引进人才，改善办展的条件和方法，另一方面展览公司的管理水平不能适应社会发展的需要，所以，办展多年，没有任何展会档案，也从来没有与客户建立联系，了解客户对展览的要求和意见，也不对客户的反映进行反馈，更别说对客户进行展后跟踪调查了。几年后，随着办展企业的增加，展览水平的提高，这家会展企业日益衰落，最后在竞争中被淘汰。

2. 案例分析

展览业是发展迅速的行业，科技的应用、企业策划管理水平的提高，决定着企业的命运。展览公司在展会后的礼仪工作非常重要，要规范、合理、认真地做好展后的服务工作。

三、理论知识

一次展会的结束，预示着新的展会的开始，为了更好地办好今后的展会，使上次展会的作用最大化，展会后的服务就必不可少。

（一）展览会后的礼仪评估

会展评估是对会展活动的展览环境、工作效果等方面进行系统、客观、真实、深入的考核和评价，并作出权威的反馈。

一般来说，会展的评估工作应该是在开展前一个月开始进行，在展后一个月内完成。展览的主办机构要成立专门的评估小组，并指定专人负责，收集展会各种资料，然后作出预测和统计。

会展的评估程序一般是：确立会展评估目标，选择规范的评估标准，制订评估方案，实施评估方案和撰写评估报告。对会展工作、会展效果和会展质量进行全面的评估。评估的主要内容有：成本效益的评估、宣传质量效果的评估、招展代理完成目标任务的评估、主办单位的号召力等方面的评估。展览会是一项投入比较大的经营活动，每次展会都有不同的宝贵经验和教训，系统的评估有利于展会主办者和参展商发现问题、改进工作和提高效率。

（二）展后的跟踪服务与总结

1. 展后的跟踪服务

会展后期的跟踪服务主要是针对参展商和重要的专业观众而进行的。跟踪服务的目的主要是：一是加深目标客户的印象；二是树立展览会品牌形象；三是为下一届展览会作预告宣传。

对展会的跟踪服务在展会结束后越快进行越好，因为展览刚结束，展览商和观众对展览的印象最深，如果此时抓住机会，开发客户就比较容易。记忆是印象的延续，印象是在展览会上留下的，记忆是在跟踪服务工作中加强的。趁着展览会上留下的印象比较清晰的时候，跟踪服务做得越早，效果就越明显，目标客户成为真实客户的概率就越高。如果在展览会闭幕后不迅速联系参展商，目标客户就会失去在展览会上产生的热情，就意味着失去这些客户。美国专门研究机构研究参展商和观众的记忆率变化后，发现参展商和观众在展览会后5周对展览情况的记忆迅速从100%下降到约60%，之后记忆有所反弹，研究人员则认为反弹可能是由于主办单位的跟踪服务引起的。

展后的跟踪服务主要是从两个方面进行的。

(1) 办展机构的跟踪服务 会展承办机构在展会上会掌握很多参展商和潜在客户的联系资料，在展后应进行后续的跟踪服务，主要工作是：①建立参展商和客户的信息数据库。在展会结束后，对参展商数据库要及时补充企业的参展信息，包括企业参展时间、规模、展位和展品、展会上的销售情况、媒体和观众对该企业展品的反应、参展商对展会的建议和意见等；对客户数据库，要补充的内容包括观众的数量，观众的购买意向与成交记录、观众对展会的意见和建议、国外客户的基本情况等。②收集客户的意见和建议。为了改进展会的服务工作，要向客户了解：a. 展会主题的体现问题。要了解展会活动是否符合会展的主题。b. 交通问题。交通是展会能够顺利进行的前提，特别是大型展会。展后要及时就公共交通、私家车停车问题、展馆之间的距离、参观路线等征求意见。c. 会展的服务问题。及时向客户和观众了解展会的服务问题，进行细致的调查。③及时通报展会信息。不要因为展会结束就放松对客户的服务，要建立网站和专门机构，提供长期的服务。④保持长期的感情联系。要维护和客户及参展商已经形成的感情。

(2) 参展商的跟踪服务 对参展商而言，在展后也要对所有客户进行跟踪服务。如果参展是建立客户关系，那么跟踪服务则是"收获"。主要的跟踪服务工作就是：①致谢。要对提供帮助的一切单位和人员表示谢意。②宣传。如果展出效果好，就要召开记者招待会，发布新闻，进一步扩大企业的影响。③确立贸易关系，促进贸易成交。要及时和客户谈判，签订贸易协定，促进企业发展。④更新客户名单。要在展会结束后及时补充新增加客户的信息，建立长久的联系。⑤举办各种方式的联谊活动。通过联谊扩大企业的影响，增进与客户的关系。

2. 展后总结

展后总结工作不是独立的业务工作，而是管理工作的组成部分。总结的目的是统计整理资料，研究分析已经做过的工作，为未来工作提供数据资料、经验和建议。因此，总结对展会和客户的经营与管理都有着重要意义和作用。

同时，展后总结也是参展商和观众所关心的，特别是展会的数据等。展会后总结的另一个好处就是，可以提高企业的知名度，好的展会所取得的经济和社会效益，可以为再次办展做间接的宣传。

一般展后是通过讨论会和撰写总结报告的方式进行工作总结的。工作总结的内容基本包括三个部分：

① 从筹备到进行展览，所有工作的总结。

② 效益分析和成本核算。

③ 项目市场调查。包括本届展览会在市场同类项目中所占的市场份额、优劣势比较、竞争情况等。

四、能力训练

1. 实训内容

组织学生参加当地的一个大型展会，以组展商的身份撰写展会总结工作报告。

2. 教师观察

① 了解学生对展会总结工作报告写作的掌握。

② 考查学生分析问题的能力。

项目6 常见会展礼仪

模块1 发布会礼仪

一、教学目标

1. 终极目标

了解发布会的概念，正确认识发布会礼仪方面的内容及要点。

2. 促成目标

具备组织发布会的基本能力。

二、案例

1. 案例介绍

20世纪80年代后期，国内的一家民营企业开发出了一种全新的果汁型饮料。这种饮料不仅营养丰富、无添加剂、口感舒适，而且符合健康和卫生标准，并与国际上饮料的流行趋势相吻合。然而，国内的饮料市场几乎全部被外国饮料所占领。要在当时特定的条件下，将这种新型的国产饮料推上市场，并且争得一席之地，可以说是难上加难。要想在广告宣传上与财大气粗、经验丰富的外国饮料商决一雌雄，显然不是国内这家民营企业的强项。于是，该企业负责人决定另辟蹊径，在力所能及的情况下，为企业做一次"软广告"。在饮料消费的旺季来临之前，这家企业专门租用了首都北京的一座举世闻名的建筑物，在其中召开了一次以新闻界人士为主要参加者的新产品说明会。在会上，这家企业除了向与会者推介自己的新产品之外，还邀请到了国内著名的饮料专家与营养专家，请他们发表各自的高见，并邀请全体与会者亲口品尝这项新产品。此后，不少与会的新闻界人士不仅争先恐后地在自己所属的媒体上发布了这条消息，而且还纷纷自愿为其大说好话，有些新闻界人士甚至还站在维护国产饮料的立场上，为其摇旗呐喊。结果一时间该饮料名声大振，销量也随之大增，终于在国外品牌林立的饮料市场上脱颖而出。

2. 案例分析

从发布会礼仪的角度来看，这家民营企业为推出自己的新品饮料所举行的那场带来了巨大成功的新产品说明会，即为新闻发布会。它是一种主动传播各类有关的信息，谋求新闻界对某一社会组织或某一活动、事件进行客观而公正的报道的有效沟通方式。对商界而言，举办新闻发布会，是自己联络、协调与新闻媒介之间的相互关系的一种最重要的手段。

该企业在对市场进行充分了解的基础上，正确选择了新产品发布会进行产品宣传。在饮料市场已被外国饮料占领的情况下，争得了一席之地。同时，利用产品发布会，采用亲口品尝的方式，让到场的媒体记者进行品尝、亲身体验，更具有说服力。

三、理论知识

（一）什么是发布会

发布会，这里即新闻发布会，是特定的社会组织为了宣布某项重要消息，把有关新闻机构的记者召集在一起，进行信息发布的一种特殊形式的会议。它可以及时、公正地把社会组织的重要信息传播给社会公众，扩大信息的传播范围，是社会组织与新闻媒介之间联络感情、协调关系的一种重要手段。对会展业而言，发布会礼仪对于企业及产品的宣传、品牌的树立、商品销售范围的扩展有着十分重要的作用。

发布会应当包括会前的筹备、现场的应酬、善后的事宜三个主要方面的内容。

（二）发布会前的准备

发布会会前要做的准备工作很多，主要包括明确发布会主题、发布会时机的选择、材料的准备、记者的邀请、人员的安排和会场的布置、发送邀请函和准备其他物资等。

1. 明确发布会主题

由于新闻内容的不同，各类发布会主题不同，因此，发布会基调也不相同。例如：政治性发布会的基调是具有严肃感；高科技产品类发布会则是正规中带有活泼；文化类发布会则具有文化感和历史感，要具有较强艺术性；娱乐类发布会给人活泼、前卫的印象；一般工业品发布会则颇具科技感和品质感；农业类发布会给人亲切的感觉、注重环保；工艺品类发布会则注重经典、古朴；时尚产品发布会则是经典与时代感并存。

2. 发布会时机的选择

发布会时机的选择决定了发布会的召开是否能取得预期的效果，否则就会劳而无功。确定发布会的时机应遵循以下原则：

① 是否具有新闻价值，即该新闻是否具有专门召集记者前来予以报道的新闻价值。

② 让记者们亲眼看到或试用某一新产品时，是否可以给新闻增加分量。

③ 确认新闻发表紧迫性的最佳时机。以企业为例，凡遇到新产品的开发、经营方针的改变或新举措、企业首脑或高级管理人员的更换、企业的合并、重大纪念日、发生重大伤亡事故等事件时，都可以举行发布会。

④ 是否存在其他向记者传递信息的有效途径，如一次商务宴会。

⑤ 与记者面对面地交流是否会为他们提供一个询问公司其他方面情况而公司又不希望将之公开化的机会，如公司实际经济状况等。

3. 材料的准备

在举行发布会之前，主办单位要事先准备好如下材料：

（1）发言提纲　它是发言人在发布会上进行正式发言时的发言提要。发言提纲要紧扣主题，要全面、准确、生动、真实。

（2）问答提纲　为使发言人在现场回答提问时从容不迫，可对可能被提问的主要问题进行预测，提前拟出相应答案，供发言人参考。

（3）宣传提纲　事先必须精心准备一份以有关数据、图片、资料为主的报道提纲，并认真打印出来，在发布会上提供给新闻记者。在该提纲中还要列出单位名称、联络电话、传真号码，以供新闻界人士参考采用。

（4）形象化多媒体材料　这些材料供与会者利用，可增强发布会的效果。包括图表、照片、实物、模型、录音、录像、影片、幻灯片、光碟等。

4. 媒体记者的邀请

媒体记者的邀请要有选择性，对出席发布会的媒体记者要事先确定其范围，具体应视问题涉及的范围或事件发生的地点而定。一般情况下，企业为了提高自身的知名度、扩大组织的影响而宣布某一消息时，邀请的新闻单位通常多多益善；但在说明某一活动、揭示某一事件,特别是本单位处于劣势时,邀请新闻单位的面则不宜过于宽泛。邀请时要尽可能地先邀请影响大、报道公正、口碑良好的新闻单位。如事件和消息只涉及某一城市,一般就只请当地的新闻记者参加即可,与会者应是与特定事件相关的新闻界人士和相关公众代表。另外,确定邀请的记者后,请柬最好要提前一星期发出,会前还应用电话提醒。

5. 人员的安排

发布会主持人的作用在于把握主题范围,掌握会议进程,保证会议的顺利进行。此外在必要时还承担着消除过分紧张的气氛、化解对立情绪、打破僵局等特殊任务。新闻发布会的主持人、发言人讲话是否得当,往往直接关系到会议成败。因此,在准备新闻发布会时,主办者一方必须精心做好有关人员的安排。发布会的主持人应当仪表堂堂,年富力强,见多识广,反应灵活,语言流畅,幽默风趣,善于把握大局,引导提问和控制会场,具有丰富的主持会议的经验。

新闻发布会的发言人是会议的核心人物,要透彻地掌握本企业的总体状况及各项方针政策,面对新闻记者的各种提问,需要头脑冷静、思维清晰、反应灵敏,具有很强的语言表达能力,措辞精确,语言精练、流畅,发表的意见具有权威性,一般由本单位的主要负责人担任。要求其除了在社会上口碑较好、与新闻界关系较为融洽之外,还要修养良好、学识渊博、思维敏捷、能言善辩、彬彬有礼。

发布会还要精选一批负责会议现场工作的礼仪接待人员,一般由相貌端正、工作认真负责、善于交际应酬的年轻女性担任。值得注意的是,所有出席发布会的人员均需在会上佩戴事先统一制作的胸卡,胸卡上面要写清姓名、单位、部门与职务。

6. 会场的选址及布置

会场的选址要与发布的新闻性质相融洽,除了可考虑在本单位或事件所在地举行外,还要考虑到交通方便、新闻发布的硬件等因素,如电话、传真、打字、照明设备等。通常企业的新闻发布会是租用大宾馆、大饭店举行的,如果希望造成全国性影响,则可在首都或某一大城市举行。发布会现场应条件舒适、大小合适。

发布会地点确定后,应认真进行会场布置。会议的桌子最好不用长方形的,要用圆形的,大家围成一个圆圈,显得气氛和谐、主宾平等,当然这只适用于小型会议。大型会议应设主席台席位、记者席位、来宾席位等。同时,还要注意会场的环境布置,气温、灯光、噪声等问题要考虑周全,选一个富于时代感的公关设计人员来布置会场,使会场既能体现企业精神,又可以让记者及其他来宾产生宾至如归的感觉。会场应设记者或来宾签到处,签到处最好设在入口或会场通道处。会场座次安排要分清主次,特别是有贵宾到会的情况下。在每个记者席上准备有关资料,供记者们深入细致地了解所发消息的全部内容。

新闻发布会所用的房间大小以适当为好,这主要取决于与会的摄影记者。电视摄影记者比报刊摄影记者所占的空间要大。如果电视摄像机在房间后排,那么公司发言人应在房间前排就座;如只有报刊记者与会,发言人就可以坐在记者中,当有人提问时就走到前排。房间大小要多加留心,房子空间大、人员少,给人的印象是新闻发布会的内容的新闻价值不大。与其这样,还不如在一个小点儿的房间为好,满屋座无虚席,甚至过道里也有人驻留,给人的印象是肯定有很重要的消息。切记,不要让新闻发言人坐在镜子、窗户或其他反射光线的背景之前,以防摄像或摄影的镜头效果受损。

7. 发送邀请信函

按照邀请名单,分工合作发送邀请函和请柬,确保重要人员不会因自身安排不周而缺席发布会。同时要回收确认信息，制定参会人员详细名单，以便下一步安排。应该注意的是：永远不要用电话邀请；应使用带有公司标志的邀请信函；邀请函中最好不注明会议联系人的全名和个人电话；邀请信不要送得太早，以至于邀请信埋没于文件堆里，但也应给对方留出反应的时间；可以电话询问信件是否如期送达，对方是否与会等；要有针对性地发送邀请函，考虑一下谁会对本次新闻发布会内容感兴趣，例如是医疗新闻，那就邀请医疗报刊、电视台医疗节目的记者。

8. 其他物资的准备

选聘主持人、礼仪人员和接待人员，并进行培训和预演。设计背板，布置会场，充分考虑每一个细节，比如音响、放映设备、领导的发言稿、新闻通稿、现场的音乐选择、会议间隙时间的娱乐安排等。俗话说：有备无患。所以，务必要先期实施培训与排练。一般地，搞一两次系统化培训是必要的，这样就可以预见到发言人是否称职，哪些方面还欠缺。具体训练方法如下：聚集一些平时敢于直言的人，让他们坐在记者席，给他们两类问题，其中一类是肯定会被问到的，还有一类是希望不被问到的；让"记者"充分提出质询。

（三）发布会现场礼仪

1. 搞好会议签到

要搞好发布会的签到工作，新闻发布会的入口处要设立签到处，安排专人负责签到、分发材料，让记者和来宾在事先准备好的签到簿上签下自己的姓名、单位、联系方式等内容。记者及来宾签到后，按事先的安排把与会者引到会场就座。接待人员要热情、大方、举止文雅。

2. 发布会现场安排

发布会一般是主席台下面的课桌摆放式，有的非正式、讨论性质的会议是圆桌摆放式。会场座位排放的基本原则：职位高者靠前靠中，自己人靠边靠后。依原则可以这样排放位置：

（1）一、二排 贵宾与企业领导，地位越高者趋于中间和前面，人员多时可考虑两排，最边上的位置空出。应设置席卡，注明贵宾与企业领导的姓名，可带单位与职务。

（2）三排以下若干排 记者席，电视记者尽量安排在前、通道边上，摄像机可正对主席台，也可以对下面的会场进行扫描；经销商席位；公司一般人员及旁听席。注意席位的预留，一般应在会场后面准备一些座椅，以防万一坐席不够时使用。

3. 严格遵守程序

要严格遵守会议程序，主持人要充分发挥主持者和组织者的作用，宣布会议的主要内容、提问范围以及会议进行的时间，一般不要超过两小时。主持人、发言人讲话时间不宜过长，过长了则影响记者提问。对记者所提的问题应逐一予以回答，不可与记者发生冲突。会议主持人要始终把握会议主题，维护好会场秩序，主持人和发言人会前不要单独会见记者或提供任何信息。

4. 注意彼此间的相互配合

不论是主持人还是发言人，在新闻发布会上都是一家人，因此二者之间的配合默契必不可少。要真正做好相互配合，一要分工明确，二要彼此支持。主持人和发言人通常要保持一致的口径，不允许公开顶牛、相互拆台。当新闻记者提出的某些问题过于尖锐难以回答时，主持人要想方设法转移话题，不使发言者难堪。而当主持人邀请某位记者提问之后，发言人一般要给予对方适当的回答，不然，对那位新闻记者和主持人都是不礼貌的。

5. 与新闻界人士保持良好愉快的互动关系

要真诚主动地对待媒体记者,因为接待记者的质量直接关系到新闻媒体发布消息的成败。记者们希望接待人员对其尊重热情,并了解其所在的新闻媒体及其作品等;还希望接待人员提供工作之便,如一条有发布价值的消息、一个有利于拍到照片的角度等。记者的合理要求要尽量满足,因此要做到:

① 要把新闻界人士当作自己真正的朋友对待,对对方不但要尊重友好,而且要坦诚相待。

② 要对所有与会的新闻界人士一视同仁,不要厚此薄彼。

③ 要尽可能地向新闻界人士提供其需要的信息,要注重信息的准确性、真实性与时效性,不要弄虚作假,爆炒旧闻。

④ 要尊重新闻界人士的自我判断。不要指望拉拢、收买对方,更不要打算去左右对方。

⑤ 要与新闻界人士保持联络。要注意经常与对方互通信息,常来常往,争取建立良好的合作关系。

发言人回答记者提问时,要准确、自如,不要随便打断记者的提问。对于不愿透露或不好回答的事情,不应吞吞吐吐,要婉转、幽默地向记者作出解释。遇到不友好的提问,应该保持冷静,礼貌地阐明自己的看法,不能激动发怒,以免引出负面报道。

新闻发布会不得涉及的话题有:①对国家和政府进行非议的;②有关国家及行业秘密的;③对方内部事务相关内容;④领导、同事的是非;⑤格调不高的问题;⑥私人问题,如收入、年龄、婚姻家庭状况、健康状况、经历等。

(四)发布会后的礼仪

发布会结束后,主办人员要向参加者一一道别,并感谢他们的光临,对于个别记者有特殊要求时,有关人员还应耐心地予以答复。

同时,主办单位需在一定的时间内,对此次会议进行一次认真的评估善后工作,具体有以下三项。

1. 新闻界的反应

新闻发布会结束之后,对照现场来宾签到簿与来宾邀请名单,核查一下新闻界人士的到会情况,据此可以大致推断出新闻界对本单位的重视程度。一是向新闻界人士了解一下与会者对此次新闻会的意见或建议,尽快找出自己的缺陷与不足;二是要了解一下与会的新闻界人士之中有多少人为此次新闻发布会发表新闻稿。

2. 整理保存会议资料

整理会议资料有助于全面评估发布会会议效果,为今后举行类似会议提供借鉴。需要主办单位认真保存发布会的有关资料,一类是会议自身的声像资料,即会议进行过程中所使用的一切文件、图表、录音、录像等;另一类则是新闻媒介有关会议报道的资料,即在电视、报纸、广播、杂志上所公开发表的涉及此次新闻发布会的消息、通讯、评论、图片等,具体可以分为有利报道、不利报道、中性报道三类。

3. 酌情采取补救措施

在听取了与会者的意见、建议,总结了会议的举办经验,收集、研究了新闻界对于会议的相关报道之后,对于失误、过错或误导,要主动采取一些必要的对策。

对于在新闻发布会之后所出现的不利报道,特别要注意具体问题具体分析对待。对于批评性报道,主办单位应当闻过即改、虚心接受;对于失实性报道,主办单位应通过适当途径加以解释、消除误解；对于敌视性报道，主办单位则应在讲究策略、方式的前提下据理力争、坚定立场，尽量为自己挽回声誉。

四、能力训练——案例分析

香港一家公司研制出一种××牌电影胶片，为了打开销路，他们决定举办一次新闻发布会。该公司的公关人员在会议请柬上冠之以"讨论会"，其目的在于提醒与会者，这次会议的主要内容是就××牌电影胶片的质量问题进行科学论证。同时，他们认为，既然是宣传电影胶片，就要显示出它与电影界的联系，争取电影界的合作和支持。因此，他们除了邀请新闻媒介的记者参加之外，又特意邀请了香港电影界的一些老板、著名编导与演员出席。

在研讨会上，当技术专家就××牌胶片的质量进行了详细科学的论证后，公司还放映了一部用××牌胶片拍成的电影。片名为×××，是由一位著名摄影师拍摄，由香港演员A和B主演的。

研讨会结束后，公司在香港一家最豪华的酒店举行了答谢晚宴，他们将宴会厅原来的椅子全部撤走，换上一种由他们专门设计的导演折椅，使华丽的宴会厅增添了几分摄影棚的气息。此举使来宾们深感新奇。宴会结束后，公司把折椅作为礼物送给来宾，那些电影编导和影星兴高采烈地搬着折椅走出宴会厅，这一幕给大大小小的报纸提供了许多精彩的特写镜头。

讨论题：

① ××牌电影胶片举办的这次活动是什么类型的发布会？

② 结合本模块知识分析本次活动成功之处。

模块2 洽谈会礼仪

一、教学目标

1. 终极目标

了解洽谈会的概念，正确认识洽谈会方面的内容及要点。

2. 促成目标

具备组织洽谈会的基本能力。

二、案例

1. 案例介绍

日本的钢铁和煤炭资源短缺，而澳大利亚盛产铁和煤，日本渴望购买澳大利亚的铁和煤，而澳大利亚在国际贸易中却不愁找不到买主。按理说，日本的谈判地位低于澳大利亚，澳大利亚一方在谈判桌上占据主动地位，可是，日本人把澳大利亚的谈判人员请到日本去谈生意。一旦澳大利亚人到了日本，他们一般行为都比较谨慎，讲究礼仪，而不致过分侵犯东道主的利益，因而日本方面和澳大利亚方面在谈判桌上的相互地位就发生了显著的变化。澳大利亚人过惯了富裕舒适的生活，派出的谈判代表到了日本不过几天，就急于想回到故乡去，所以在谈判桌上常常表现出急躁的情绪，而作为东道主的日本谈判代表可以不慌不忙地讨价还价，从而掌握了谈判桌上的主动权，结果日本方面仅仅花费了少量款待作"鱼饵"，就钓到了"大鱼"，取得了大量谈判桌上难以获得的东西。

2. 案例分析

在本案例中，日本人抓住了人们的心理，利用谈判地点的转变使谈判结果向有助于自己的方向发展。所以，对一些决定性的谈判，若能在自己熟悉的地点进行，可以说是最为理想的，若争取不到这个地点，则至少应选择一个双方之外的第三方中性场所，以减少由于"地点劣势"导致的错误，避免不必要的损失。最应摒弃的谈判地点，就是在对方的"区域"内。如果说某项谈判将要进行多个回合，那么地点应该依次轮换，以示公平。

三、理论知识

（一）什么是洽谈会

所谓洽谈，是指在商务交往中，相关各方坐在一起进行面对面的讨论与协商，阐述己方的各种设想，听取他方的不同意见，以求在建立联系、进行合作、达成交易、拟订协议、签订合同、要求索赔，或是争端处理、消除分歧上取得一致，进而达成协议。因洽谈而举行的有关各方的会晤，便称为洽谈会。

倘若我方担任东道主出面安排洽谈，一定要在各方面打好礼仪这张"王牌"。恰如其分地运用礼仪迎送、款待、照顾对手，都可以赢得信赖，获得理解与尊重。在这个意义上，完全可以说在洽谈会上主随客便、主应客求，与以"礼"服务实际上是一回事。"礼多人不怪"就是这个道理。

（二）洽谈会前的准备

洽谈会前充分的准备是洽谈会成功的关键。在准备过程中，信息的搜集、人员的安排、技术及礼仪方面的准备都很重要。

1. 信息的搜集

"知己知彼，百战不殆"是一句至理名言。在洽谈之前，对谈判对手的了解程度决定了洽谈会的谈判策略及产生的效果。充分的准备能使洽谈者利用这些信息扬长避短、避实就虚，"以我之长，击敌之短"，取得更好的成绩。因此，要做好市场调研，了解对方的业务情况，对对方参与洽谈人员的基本情况、每个人的谈话风格、对己方的态度等要了如指掌，以便制定相应的策略。在涉外洽谈中，还要对对方文化背景和礼仪习俗等有所把握，以便于更好地沟通。

2. 人员的安排

洽谈会成员的组成应按照对等原则配备相应的洽谈班子，这样有助于洽谈的顺利进行。为了便于洽谈，洽谈会成员中除了能拍板成交的主谈人员，还要有精通业务、有经济和法律头脑的人员和有洽谈经验的翻译人员，一般以4人为宜。一个精干的，具备T型知识结构（即专业知识要深，其他知识面要渊博、宽广）而又注重仪表、谈吐自如、举止得体的洽谈班子，不仅会给洽谈创造有利条件，同时也是对对方的尊重。

3. 技术准备

商场如战场，谈判桌上也一样。因此，在谈判前不仅要对洽谈的业务十分熟悉，还要熟练掌握谈判中的技巧，积累丰富的洽谈经验。从纯理论上来讲，洽谈的过程是由"七部曲"一环扣一环，一气呵成的。它主要是指探询、准备、磋商、小结、再磋商、终结以及洽谈的重建七个具体的步骤。在其中的每一个洽谈的具体步骤上，都有自己特殊的"起、承、转、合"，都有一系列的台前与幕后准备工作要做，并且需要当事人具体问题具体分析、"随机应变"。

因此，商界人士在准备洽谈时，一定要多下苦功夫，多做案头的准备工作，尤其是要精密细致地研究洽谈会程序及其灵活的变化，以便在洽谈之中能够胸有成竹、处变不惊。特别是在商务洽谈中，对于诸如以弱为强、制造竞争、火上浇油、出奇制胜、声东击西等策略，任何行家里手都不会不清楚，但是关键的是"活学活用"，而这一点，则是从事商业的人士必须做到的。

4. 礼仪准备

在洽谈前应了解谈判地点的风土人情，以及洽谈对手的礼仪习惯，以免做出有违礼仪的行为，造成不必要的误会。而仪表同样为礼仪的一部分，参加洽谈者在衣着打扮上要正式一些，以表示对洽谈的重视和充分的准备。可能的话，男士应当理发、剃须、吹头发，不准蓬头乱发，不准留胡子或留大鬓角，应穿深色三件套西装和白衬衫，打素色或条纹式领带，配深色袜子和黑色系带皮鞋；而女士则应选择端庄、素雅的发型，并且化淡妆，但是不许做过于摩登或超前的发型，不许染彩色头发，不许化艳妆，或使用香气过于浓烈的化妆品，须穿深色西装套裙和白衬衫，配肉色长筒或连裤丝袜和黑色高跟或半高跟皮鞋。如果是非正式洽谈，也可以穿得随便一些，给人以轻松、随和的感觉，这样显得更容易接近，有助于交流，取得共识。

（三）洽谈会上的礼仪规范

洽谈即是一场知识、信息、心理、修养、口才乃至风度的较量，为了取得洽谈的成功，在洽谈会上要遵循一定的礼仪规范。

1. 座次排序的礼仪要求

台桌和椅子的大小会给谈判中被动的一方造成心理压力。经理前面的写字台越大，越强调着他的处境和权力的优越感。而被动的一方坐在远离那张大写字台的一条小凳子上，则越感受到自己的不利。洽谈遵循对等原则，因此，一般洽谈会以椭圆桌或长桌为宜，双方人员各自在桌子的一边对称就座，这种座位的安排通常意味着正式、礼貌、尊重、平等。而倘若将谈判桌横放，那么面对洽谈室正门的一侧为上座，应请客方就座；背对谈判室正门的另一侧则为下座，应留主方就座。如谈判桌是竖放的，进门时的右侧为上座，由客方就座；进门时的左侧为下座，由主方就座。双方主谈人员应各自坐在己方一侧的正中间；副手或翻译坐在主谈人员右边的第一个座位；其他参加洽谈的人员按职位高低，依次"右一个，左一个，右一个……"地分别坐在主谈人员的两侧。小规模的洽谈，可不放谈判桌，在室内摆放几把沙发或圈椅，按"以右为尊"的原则，客右主左，就座即谈；也可以交叉而坐，以增添合作、轻松、友好的气氛。

谈判桌或椅子的安排应注意下面几个问题：

① 座位应避免刺眼的光线直射，除非是在审讯的场合。

② 桌面上可根据需要放置一些必要的具有象征意义的东西（如国旗插杆、公司标志物、花卉）或摆放一些饮料。

③ 要避免在桌面上放置电话、台钟之类易产生干扰的东西。

④ 某些不适宜摆上谈判桌但又必需的东西（如文件、资料）可放在谈判桌的下面一层或置于身后的桌上，或交给随同人员保管。

2. 遵循的礼仪原则

（1）以诚待人　真诚是洽谈的基础。洽谈者在洽谈会的整个进程中，要努力做到始终如一地对自己的洽谈对手讲究礼貌，事事都要让对方感到己方对洽谈的真心诚意及敬意。在洽谈会中，面带微笑、态度友好、语言文明、举止彬彬有礼的人，能够轻易消除对手的漠视和抵触心理。在洽谈桌上，保持"绅士风度"或"淑女风范"，有助于赢得对手的尊重与好感。

(2)平等协商　在洽谈中要坚持平等协商的原则。主要是指各方在地位上要平等一致、相互尊重，不允许仗势压人、以大欺小。另外，各方在洽谈中要通过协商，即相互商量，求得谅解，而不是通过强制、欺骗来达成一致。在洽谈会上，要做到平等协商，就要以理服人，坚持摆事实讲道理，只有这样，才能最终达成一致。

(3)求同存异，互利双赢　谈判桌上没有绝对的胜利者和绝对的失败者。相反，有关各方通过洽谈，多多少少都会获得或维护自身的利益。在洽谈会上所达成的妥协，只要对当事人各方公平、合理，只要尽最大程度维护或争取了各自的利益，便是可以接受的。最理想的洽谈结局，是有关各方达成了比较一致的合约，在同等条件下做到了互利互惠。因此，商务人员在参加洽谈会时，必须争取的结局应当是既利己又利人，既在竞争中合作，又在合作中竞争。

(4)就事论事　人事分离，是洽谈会上应遵循的谈判原则。在洽谈桌上，大家彼此对既定目标都志在必得。因此，既不要指望对手之中的老朋友能够良心发现，对自己"手下留情"，或是"里通外国"，也不要责怪他"见利忘义"、"不够朋友"，对自己"太黑"。不要向对方提出不切实际的要求，或是一厢情愿地渴望对方向自己施舍或回报感情。

3. 洽谈场所的布置

洽谈场所应力图保持安静、卫生、通风。嘈杂的环境，极不舒适的座位，谈判房间的温度过高或过低，不时地有外人搅扰，环境陌生而引起的心力交瘁感，以及没有与同事私下交谈的机会等，这些环境因素都会影响谈判者的注意力，从而导致谈判的失误。

布置洽谈场所要考虑的因素很多，具体包括：

(1)光线　要尽可能地利用自然光源。利用自然光源即阳光时，应备有窗纱，以防强光刺目。而用人造光源时，要合理配置灯具，使光线尽量柔和一点。

(2)温度　室内最好能使用空调机和加湿器，以使空气的温度与湿度保持在适宜的水平上。温度在20℃，相对湿度在40%～60%之间是最合适的。室内空气要保持空气的新鲜与流通。

(3)色彩　室内的家具、门窗、墙壁的色彩要力求和谐一致，陈设安装应实用美观，并且应留有较大的空间，以利于人的活动。

(4)装饰　用于谈判活动的场所应力显洁净、典雅、庄重、大方。室内应摆放宽大整洁的桌子、简单舒适的座椅（沙发），墙上可挂几幅风格协调的书画，室内也可装饰适当的工艺品、花卉、标志物，但不宜过多过杂，以求简洁实用。

(5)声音　应选择隔音设施比较好的房间，室内尽量保持安静。因此，房间不应临街、临马路，不应在施工场地附近，周围不要有电话铃声以免打断进行中的洽谈，也不要有脚步声、人声等噪声的干扰。

4. 语言礼仪规范

语言是人类的沟通工具，善加利用就可能在洽谈中起到事半功倍的作用。洽谈人员要注意语言的规范性和灵活性，说话要清晰易懂，注意使用文明礼貌用语，体现自身的职业道德和商业形象。洽谈人员的谈吐要轻松自如，举止文雅大方、谦虚有礼，不可拘谨慌张。洽谈开始时可稍加寒暄，进入正题之前，宜谈些轻松的话题，如旅途经历、季节气候、文体表演、各自爱好或以往合作经历等，但开始洽谈后无论出现什么情况都不能使用粗鲁、污秽的语言或攻击性的语言。洽谈时应注意抑扬顿挫、轻重缓急，避免吐舌挤眼、语句不断、嗓音微弱或大吼大叫。

5. 提问及回答的礼仪规范

洽谈的过程就是提问与回答的过程，也是提出问题、解决问题的过程。掌握了提问的礼仪规范、善于提问的人，不仅能掌握交谈的进程，控制谈判的方向，而且能创造出令人畅所欲言的环境，达到预期洽谈结果。

(1) 提问的礼仪规范

① 把握提问的时机。

a. 当对方正在阐述问题时不要提问，随意打断讲话是不尊重对方的表现。一般应选择在对方发言完毕之后、对方发言停顿间歇时、自己发言前后及在议程规定的辩论时间等进行提问。

b. 在辩论性场合，要先用试探性的提问，确认对方的真实意图，然后再采用直接性提问方式，否则提问很可能是不合时宜的或招致对方拒绝。如谈判者可以说："我不知自己是否完全理解了您的意思。我听您说……您是这个意思吗？"

c. 在非辩论性场合，应以客观的、不带偏见的、不具任何限制的、不加暗示、不表明任何立场的陈述性语言提问。

d. 对新话题的提问不应在对方对某一个问题谈兴正浓时提出，应诱导其逐渐转向。

② 因人设问。应该根据对方的年龄、职业、社会角色、性格、气质、受教育程度、专业知识深度、知识广度、生活经历进行提问，这样才能收到预期的效果。这也决定了提问是否应当率直、简洁、含蓄、委婉、认真、诙谐、幽默、周密、随意等。

③ 讲究提问的技巧。

a. 明确地组织语句，避免在洽谈活动中使听话者产生语意判断上的错觉，并对之进行积极呼应。

b. 提问要简明扼要。提问太长、太多，有碍对方的信息接收和思考，当问题较多时，每次至多问一两个问题，待搞清楚或对方表示回答完后，再接着往下问，这样的节奏显得有礼。

c. 委婉地提出敏感问题。由于谈判的需要，有时需要问一些对方敏感的、在公众场合下通常忌讳的问题，最好是在提问之前略加说明理由，这是人们避免引起尴尬的技巧。如有的女士对年龄很敏感，则可以这样提问："为了填写这份表格，可以问问您的年龄吗？"

(2) 回答的礼仪规范　有问就应有答。洽谈过程中，作为被提问者答话时，要本着真诚合作的态度，针对提问者的真实意图，实事求是地回答对方的提问，不能闪烁其词，态度暧昧，"顾左右而言他"。如果对方对某个问题不甚了解，应以浅显易懂的语言进行解释，切不可流露出不耐烦的神情。如有些问题涉及商业秘密和技术机密，则应委婉说明，避免出现令人尴尬和僵持的局面。

6. 拒绝的礼仪规范

(1) 肯定后转折　在谈判过程中，当对方提出要求，但这个要求有损于己方利益时，要采用一些巧妙而委婉的拒绝方式，使对方能比较痛快地接受。即在对方提问后，先肯定对方的说法，再转折一下，最后予以否定。肯定是手段，转折—否定是目的。先予肯定，可使对方在轻松的心理感受中，接受后面的摆事实讲道理。例如说："你们说价格太低，其实不然。此价虽然比贵公司销往澳大利亚的价格稍低一点，但由于运费很低，所以，总的利润并没有减少。"

(2) 诱导否定　诱导否定是指在对方提出问题后，不马上正面回答，而是先讲一点理由，或提出一些条件、反问一个问题，诱使对方自我否定，自动放弃原来提出的问题。

7. 说服的礼仪规范

洽谈过程中，各方的洽谈人员总是要摆事实讲道理，使出浑身解数试图说服对方。而说服注重的是心灵的呼应，它与那些依靠强制性的手段（如法律仲裁、强权、舆论压力）或欺骗性的手段来获得对方的服从有着根本的不同。以平等温和的态度表明对别人的尊重，保持理智，可以避免双方某些分歧的进一步恶化，这样，洽谈人员就有了说服对方的基础。

（1）把握说服的时机　当对方情绪激动或不稳定时，对方所敬重的人在场时，或对方的思维方式极端定式时，暂时不要进行说服。这时首先应设法安定对方的情绪，避免让对方丢面子，用事实适当地给他以教训，然后才可进行说服。

（2）奠定良好的人际关系基础　改变一个人的初衷，最重要的是要改善与对方的人际关系。接受说服的人会先衡量说服者与他的熟悉程度和亲善程度，实际上是考虑信任度。如果对方在情绪上认可，则可能接受说服；如果对立，则不可能接受说服。

（3）言语真诚　在谈判中进行说服时应努力寻求双方的一致性。对于立场上的某些分歧，可以提出一个美好的设想，以提高对方接受劝说的可能性，并且诚挚地分析说明如果接受了意见将会有什么利弊得失，使人感觉到所提的意见客观、合乎情理、易于接受。

8. 倾听的礼仪规范

洽谈过程中，最好不要求胜心切地一味阐述己方的观点，将自己的意思强加给对方。这样做不仅会引起对方的反感，而且可能会错失了解对方对商谈内容的真实意图。因此，在说服的同时要适时地进行倾听，观察讲话者的表达方式及行为举止，及时而恰当地进行信息反馈，对讲话者做出反应，以促使讲话者进行全面、清晰、准确的阐述，并从中获得有益信息。倾听时要做到：

（1）专注　根据有关研究资料，正常的人最多只能记住他当场听到的东西的 60%～70%，倘若不专心，记住的就更少。因此，倾听别人讲话一定要全神贯注，努力排除外部环境及自身因素的干扰。

（2）注意对方说话方式　对方的措词、表达方式、语气、语调，都传递了某种信息，认真予以注意，可以发现对方一言一语后面隐寓的需要，真正理解对方传递的全部信息。

（3）察言观色　谈判场合的倾听是"耳到、眼到、心到、脑到"4种综合效应。倾听时，最好不要一边听一边在脑子里构想自己的讲话内容、筹划自己将要提出的忠告等；一定要集中注意力，聚精会神地去获得说话者的信任，这样发散的思维就会消失。

（4）学会忍耐　对于难以理解的话，不能避而不听，尤其是当对方说出自己不愿意听，甚至触怒自己的话时，只要对方未表示说完，都应倾听下去，不可打断其讲话，甚至离席或反击，以免上"钩"、失礼。对于不能马上回答的问题，应努力弄清其意图，不要匆忙表达，应寻求其他办法解决。

四、能力训练——案例分析

某分公司要举办一次重要会议，请来了董事会的部分董事和总公司总经理，并邀请当地政府要员和同行业重要的知名人士出席。由于出席的重要人物多，领导决定用 U 字形的桌子来布置会议桌，分公司领导坐在位于长 U 字横头处的下首，其他参加会议者坐在 U 字的两侧。在会议的当天开会时，贵宾们都进入了会场，并按安排好的座签找到了自己的座位就座。当会议正式开始时，坐在桌子横头处的分公司领导宣布会议开始，这时发现会议气氛有些不对劲，有些贵宾相互低语后借口有事站起来要走，分公司的领导人不知道发生了什么事或出了什么差错，非常尴尬。

讨论题：
① 你知道发生了什么差错，令分公司的领导这样尴尬吗？
② 试分析应该如何加以改正呢？

模块 3　社交舞会礼仪

一、教学目标

1. 终极目标

了解社交舞会礼仪的概念，正确认识社交舞会礼仪方面的内容及要点。

2. 促成目标

具备组织社交舞会的基本能力。

二、案例

1. 案例介绍

王小姐是某外企销售经理。某日收到客户 A 公司周年庆典舞会的邀请函，邀请王小姐光临舞会。到了舞会当日，王小姐欣然前往。在去舞会之前，王小姐精心打扮了一番。舞会中，先后有三位男士前来邀请王小姐跳舞，其中包括 A 公司经理刘先生。由于王小姐的高跟鞋是新买的，穿着还不是很合脚，三支舞跳下来，脚被磨破了。于是，在第四位男士前来邀舞时，王小姐抱歉地婉言谢绝了他。这位男士很有风度地护送王小姐回了原位后礼貌地离开了。当日，王小姐由于脚伤，提前离开了舞会。

2. 案例分析

社交舞会是常见的商务活动之一。本案例中王小姐应 A 公司之邀参加了舞会，有助于王小姐与 A 公司维持客户关系，同时有机会认识新的客户，扩展交际范围。

参加社交舞会同样要遵守舞会礼仪。在着装、化妆上要符合舞会的礼仪规范，要得体大方。舞会中一般由男士邀请女士跳舞，女士一般不会拒绝。王小姐因为脚伤礼貌地拒绝了男士的邀舞，而男士也很有绅士风度地护送其回原位，避免了拒舞的尴尬，是符合舞会礼仪的。

三、理论知识

（一）什么是社交舞会

社交舞会，一般是指以参加者自愿相邀共舞为主要内容的一种文娱性社交聚会。在优美的乐曲、美妙的灯光、高雅的舞姿的相互衬托下，人们不仅可以从容自在地获得自我放松，而且还可以联络老朋友，结识新朋友，进一步扩大自己的商务社交圈。无论国际还是国内的舞会，都是一种高尚的讲究礼仪的社交活动。

（二）社交舞会的准备

1. 舞会会场的布置

（1）地面的质量　舞会场所地面的要求不同于其他场所。舞厅的地面要平整、光滑而不能坑洼不平，一般的水泥、涂料地面或塑胶地板、木质地板等质量的地面都可以使用。临开舞会之前如果打蜡，则效果更理想。如果利用饭厅作为舞厅，事先必须清除地面油垢；肮脏的地面会使参加舞会的人心情不愉快。

（2）灯光的选择和布置　普通照明灯光缺少喜庆色彩，如果是正式的舞会，至少必须配备两三组闪烁的彩灯；若能装上一个转头灯，吊上一个雪花球，则效果会更好。

（3）室内装饰　布置舞厅还包括室内装饰。较简单的是配合彩灯挂上彩纸花环；雅致一点的，再选择合适的位置（以不妨碍跳舞为宜）点缀几盆花木；更细微的则在正面墙上装饰会标，这样不但突出了舞会的主题，同时还增添了舞会的隆重、喜庆气氛，表达了举办人的真挚情谊。

2. 选择乐队伴奏

要举办舞会，就必须准备好伴奏的乐队。没有乐队或乐队水平没有保障，不仅会影响舞会的音响效果，起不到招待宾客联络感情的作用，还可能会得罪嘉宾，被他们认为是敷衍了事。

3. 选择好乐曲

无论哪一类招待或联欢舞会，必须将快慢节奏的舞曲穿插安排，使得舞会气氛激越与舒缓交相更替，起伏有致。商务社交舞会上可以安排一些舒缓悠扬的世界名曲，方便商务人士们的放松和交谈。招待舞会可视来宾情况选一些有针对意义的舞曲，例如为来访的友人奏一曲欢快的《朋友之歌》，为远道来的来宾演奏其家乡名曲等。如果是青年人居多的舞会，则要多选一些快节奏的舞曲，以适应青年人精力旺盛、活泼好动的特点。

4. 确定舞会主持人

舞会要以主持人为核心，指挥安排调度舞会一切，确保舞会顺利进行。舞会主持人应在舞会开始之时，先作简短的致词，简明扼要地说明举办这次舞会的目的、意义，向来宾表示热烈的欢迎，并由致词者邀请参加这次舞会的最主要的来宾中的一位跳第一曲，这样更显得礼貌周全。

5. 考虑男女人数

举办公共社交舞会还得安排相应的舞伴。如果被招待者男性居多，则必须预先请好适当的女伴；若女性居多，则应预先请好男伴，免得男女比例失调。如果未考虑到这一点，将会影响舞会的气氛，使参加舞会的人大为扫兴，严重的还会使舞会无法进行。

6. 负责接送来宾

舞会开始前应准备好车辆，负责接送来宾。距离远的两个单位联欢，为礼貌起见，举办单位也应安排好车辆，主动接送对方单位的人员。

7. 做好招待工作

招待或联欢舞会要为来宾准备座位、饮料、果品、点心等。人数众多的联欢舞会最起码要准备茶水，这样方显得礼貌周到、热情备至。

8. 安排好应急措施

为确保舞会顺利进行，举办单位还要制定应急措施，以防发生意外。如应急照明设施、适当的医护措施等，还应有专门迎送宾客、安排座位的招待人员，应有维持舞场秩序的兼职保安人员。

（三）社交舞会礼仪

参加社交舞会要遵循一定的礼仪，要注意妆容、邀舞、舞姿和交际等方面的基本问题。

1. 妆容

合体的妆容会令人显得精神、有气质，而不合时宜的妆容则会令人对你的印象大打折扣。

（1）化妆　参加舞会前，舞会的参加者均应沐浴，并梳理适当的发型。男士务必要剃须，女士在穿短袖或无袖装时须剃去腋毛。特别需要注意的是：务必注意个人口腔卫生，认真清除口臭，并禁食气味刺激的食物；外伤患者、感冒患者以及其他传染病患者，应自觉地不要参加舞会，否则不仅有可能传染于人，而且还会影响大家的情绪。

另外，要根据个人的情况进行适度的化妆。男士化妆的重点通常是美发、护肤和祛味。女士化妆的重点，则主要是美容和美发。因为舞会大都举行于晚间，舞者肯定难脱灯光的照耀，故舞会妆允许画得相对浓、烈一些，否则人会显得苍白、没精神，切勿搞得怪诞神秘，令人咋舌。发型应以清丽自然为原则，不要喷过多的发胶或将头发做成不自然的花形。最后，穿戴打扮完毕，别忘了洒些香水，使舞会中的你芬芳高贵。

（2）着装　舞会的着装必须干净、整齐、美观、大方。有条件的话，可以穿格调高雅的礼服、时装、民族服装。若举办者对此有特殊要求，如应邀参加的是大型正规的舞会，或者有外宾参加，这时的请柬会注明"请着礼服"。接到这样的请柬一定要提早做准备，需认真遵循。作为男士，一定要头发干净、衣着整洁。一般的舞会可以穿深色西装，如果是夏季，可以穿淡色的衬衣，打领带，最好穿长袖衬衣。男士的礼服一般是黑色的燕尾服，配黑色的漆皮鞋。正式的场合也需戴白色的手套。女士的礼服在正式的场合为晚礼服，近年也有旗袍改良的晚礼服的，既有中国的民族特色，又端庄典雅，适合中国女性的气质。另外，晚礼服一定要佩戴首饰，以配合热闹的舞会气氛。白天太耀眼的金属首饰用在晚间反而恰到好处。此外，手镯、襟花、别针都能衬托出女士气质。

舞会上，通常不允许戴帽子、墨镜，或者穿拖鞋、凉鞋、旅游鞋。在较为正式的民间舞会上，一般不允许穿外套、军装、警服、工作服。穿的服装也不能过露、过透、过短、过小、过紧，动不动就有可能令自己"春光外泄"，既不庄重，也不合适。

2. 邀舞

在舞会上，邀请舞伴的下述基本规范，是人人必须严格遵守的。不然的话，就会失敬于人，或是令人见笑。

（1）邀舞的方法

① 进入舞场，要先坐下来，观察一下全场情况，适应一下气氛。没有带舞伴的，更应当坐下来，慢慢地寻找合适的伴舞对象，最好邀请没有带舞伴的人。

② 一般都是男子邀请女子共舞。邀人跳舞时应彬彬有礼，姿态端庄。走至女方面前，微笑点头，以右手掌心向上往舞池示意，并说："可以和你跳个舞吗？"或"可以吗？"对方同意后即可共同步入舞池。如果对方婉言谢绝，也不必介意，更不应勉强。比如："可以同你跳个舞吗？""对不起，我有些不舒服。""噢，对不起，打扰了。"这样男子亦不会难堪，反显得更有修养，会受到女子的尊重。

邀舞的把握不是很大时，可以托请与双方相熟的人士代为引见介绍，牵线搭桥。不论采取何种方法，万一自己来到被邀请者面前，已有他人捷足先登时，则须保持风度，遵守先来后到的原则，礼让对方，等下一次再去进行邀请。

③ 同性之人切勿相邀共舞。两位男士一同跳舞，根据国际惯例，这等于宣告他们不愿意邀请在场的任何一位女性，无形中表明他们是同性恋关系。而两位女士一起跳舞，则等于是在宣言"没有男士相邀"，尤其是在有外宾的情况下以及在国外的舞会上，两位女士也应尽量不共舞。

④ 一对舞伴只宜共舞一支曲子。在这之后，需要通过交换舞伴去扩大自己的交际面。舞会上的第一支舞曲，一般讲究男士要去邀请与自己一同前来的女士共舞。如有必要，他们二人还可以在演奏舞会的结束曲时再同跳一次。

（2）舞伴的选择　舞会上，选择舞伴时，亦有规范可循。一般来说，应遵循以下原则：

① 年龄相仿之人。年龄相似的话，一般是容易进行合作的。

② 身高相当之人。如果双方身高差距过大，未免会令人感到尴尬难堪。

③ 气质相同之人。邀气质、秉性相近的人共舞，往往容易各对各眼，互相易产生好感，从而和睦相处。

④ 舞技相近之人。在舞场，"舞艺"相近者"棋逢对手"，相得益彰，有助于更好地发挥技艺，产生快感和满足。

⑤ 无人邀请之人。邀请较少有人邀请之人，既是对其表示的一种重视，也不易遭到回绝。

⑥ 未带舞伴之人。邀请未带舞伴的人共舞，成功的机会往往是较大的。

⑦ 希望结识之人。想结识某人的话，不妨找机会邀对方或是其同伴共舞一曲，以舞为"桥"，接近对方。

⑧ 打算联络之人。在舞会上碰上久未谋面的旧交，最好请其或其同伴跳一支曲子，以便有所联络。

（3）邀舞顺序　根据舞会礼仪的规定，人们除了要与自己一起来的同伴同跳开始曲、结束曲，或是可以酌情自择舞伴之外，还须按照某些既定的顺序，去"毫无选择"地邀请其他一些舞伴。

两位男士同时发出邀请时，女士面对两位或者两位以上的邀请者，最能顾全他们面子的做法，是全部委婉地谢绝。要是两位男士一前一后走过来邀请，则可以"先来后到"为顺序，接受先到者的邀请，同时诚恳地对后面的人说"很抱歉，下一次吧"，并要尽量兑现自己的承诺。

就主人方面而言，自舞会上的第二支舞曲开始，男主人应当前去邀请男主宾的女伴跳舞，而男主宾则应回请女主人共舞。接下来，男主人还需依次邀请在礼宾序列上排位第二、三……的男士的女伴，这些男宾则应同时回请女主人共舞。

就来宾方面而言，有下列一些女士，男宾应当以礼相邀、共舞一曲：一是舞会的女主人；二是被介绍相识的女士；三是自己旧交的女伴；四是坐在自己身旁的女士。

以上女士若被男宾相邀后，与其同来的男伴最好回请该男宾的女伴跳上一曲。

（4）拒绝邀舞　通常讲究由男士去邀请女士，不过女士可以拒绝。此外，女士亦可邀请男士，然而男士却不能拒绝。女士被人邀舞是他人对自己的尊重，一般不应拒绝。确实不想跳时，应当有礼貌地婉言谢绝："对不起，我想休息一下。"对方走后，一曲未终不应再与别人共舞。

舞会是通过跳舞交友、会友的场合，所以在舞会上女士不能轻易拒绝他人的邀请。女士可以拒绝个别"感觉不佳"的男士的邀请，但要注意分寸和礼貌用语，要委婉地表达。

3. 规范舞姿

在舞会上最能体现一个人的绅士风度。例如：跳舞中要保持一定的距离，左手轻扶舞伴的后腰（略高于腰部），右手轻托舞伴的右掌，尤其在旋转的时候，男士一定要舞步稳健，动作协调，同舞伴一起享受华尔兹的优美。万一发现女士晕眩，男士一定要做好"护花使者"，护送回原位。在一支曲子结束后，要礼貌地将女士送回原座位，道谢后，再去邀请另一位女士。

进入舞池后，就可跟随舞曲曲式和节奏起舞。姿态要端正，身体要正直、平稳，切勿轻浮，但也不要过分严肃，双方眼睛自然平视，目光从对方右上方穿过。不可面面相向，不要摇摆身体，不要凸肚凹腰，不要把头伸到对方肩上。一般男舞伴的右手搭在女舞伴的脊椎位置，不要揽过脊椎，高低可以根据双方身材而定。男子高的，可以揽得高一些，注意这时女子要把左手搭得低一些，甚至搭在大臂中下部。千万不要把女舞伴右臂架起来，既不雅观也不舒适。男子右手不要揽得过紧，以力量大小变化来领舞，切莫按得太紧太死，甚至把女方的衣服揪起，搞得很不雅观。

跳舞中间，如果踩住对方的脚了，要说一声："对不起，踩你了。"旋转的方向应是逆时针行进，这才不致碰着别人。如果碰着了别人，要道歉，或微微点头致歉。

一曲终了，男子要对女舞伴致意，并适当进行赞美。比如"你的华尔兹跳得真好。""你的动作反应快，和你跳舞很轻松，谢谢。"并把女舞伴送回原来的位置。

4. 舞会交际

出席舞会，在时间上不像出席会议那样有整齐划一的要求，相对来说比较自由灵活，允许晚去一会儿，也可以中途退场等，这些都应当视为正常现象。

依照正规的讲究，结伴而来的一对男女，只要一同跳第一支舞曲就可以了。从第二支曲子开始，大家应该有意识地交换舞伴，认识更多的朋友。

离开舞会的合适时间，可根据舞会的性质来决定。朋友的私人舞会最好要坚持到舞会结束后再离去，也是对朋友的支持。至于其他的舞会，只要不是只跳了一支曲子显得应酬的色彩过浓就可以了。

四、能力训练——案例分析

M公司打算在年底举办一次舞会，准备邀请与公司有业务往来的各企业相关人员参加，以此酬谢各方一年来对M公司的理解和支持。M公司打算预定附近的A酒店宴会厅召开此次舞会。但是，由于时间安排得不够科学，导致M公司在距舞会还有三天的时候才预订酒店，结果由于适逢年底，各公司都在举办年终晚会，酒店宴会厅已经被其他企业预定。于是，无奈下只好改造本企业的员工食堂充当舞会现场。在职工们的共同努力下，食堂的桌椅均被拆卸改造，到处挂上了彩灯和各种装饰。企业职工还自发组织了一支临时乐队，进行现场演奏。到了舞会那一天，舞会现场宾客云集，进行得还算顺利，但是，由于地滑，一位应邀的女士嘉宾在跳舞时不小心滑到了，造成了小臂骨折，舞会在混乱中落幕。

讨论题：

① M公司在筹备舞会时，存在哪些问题？
② 舞会礼仪方面存在哪些不足？应如何改善？

模块4 茶话会礼仪

一、教学目标

1. 终极目标

了解茶话会礼仪的概念，正确认识茶话会礼仪方面的内容及要点。

2. 促成目标

具备组织茶话会的基本能力。

二、案例

1. 案例介绍

为了让招标公司也能在竞争环境中高效率高品质地完成项目采购，不久前，某单位把一次公务用车采购分别委托给了A、B两家招标公司去操作。接到委托任务后，两家招标公司都想比对方做得更好，希望借这次采购能给该单位留下好印象，以期将来有机会经常代理采购项目。

带着这样的美好愿望，A、B两家招标公司都力求尽善尽美，但他们在开标、评标环节上，却存在着很大的差异。其中B招标公司在没有监督人员的情况下，组织评标专家用"茶话会"式的评标方式，把招标文件分成了9份发给了评标专家，让评标专家边看边谈自己的看法。看完后，再集体讨论，最后打分汇总，评标活动只花了半天。然而，最后结果却是B招标公司组织的车辆采购以失败而告终。

2. 案例分析

从茶话会礼仪角度来说，如此开标、评标不可行。首先，评标委员会是由招标代理机构组建的一个临时工作小组，根本不能承担（也不承担）法律责任，其抗腐败的能力要大大低于招标代理机构，必须采取足够的保密措施才能避免招标代理机构成为其腐败或不法行为负责的替身。其次，尽可能做好评标保密工作，才能保证评标的公正性和客观性，保证采购质量。茶话会目的在于联络老朋友、结交新朋友，其特点是可以不拘形式地自由发言，但这种形式不利于评标保密的要求。

本案例中，B公司出于想创造舒适愉快的环境进行评标，采用了茶话会方式，以提高评标效率。但是却忽略了茶话会的礼仪特点，不符合评标、开标的要求，选用的形式不恰当。

三、理论知识

（一）什么是茶话会

与洽谈会、发布会、赞助会、展览会等其他类型的商务性会议相比，茶话会恐怕是社交色彩最为浓重，而商务色彩最为淡薄的一种类型。所以有人将其称为"商界务虚会"。

所谓茶话会，在商界主要是指意在联络老朋友、结交新朋友的具有对外联络和进行招待性质的社交性集会。因其以参加者不拘形式地自由发言为主，并且因之备有茶点，故此称为茶话会。

茶话会主要是以茶待客、以茶会友，但是实际上，它则往往是重点不在"茶"，而在于"话"，即意在借此机会与社会各界沟通信息、交流观点，听取批评、增进联络，为本单位实现"内求团结、外求发展"这一公关目标，创造良好的外部环境。

（二）茶话会的准备

1. 确定茶话会主题

茶话会的主题，即指茶话会的中心议题。在一般情况下，商界所召开的茶话会，其主题主要有以下三种：

（1）以联谊为主题　这类茶话会是平日所见最多的茶话会。它是为了联络、加强主办单位同应邀与会的社会各界人士的友谊。在这类茶话会上，客主通过叙旧与答谢，可以增进相互之间的进一步了解，密切彼此之间的关系，还为与会的社会各界人士提供了一个扩大社交圈的良好契机。

（2）以娱乐为主题　这类茶话会主要是指在茶话会上安排了一些文娱节目或文娱活动，并且以此作为茶话会的主要内容。这一主题的茶话会，主要是为了活跃现场，增加热烈喜庆的气氛，调动与会者参与的积极性。与联欢会所不同的是，以娱乐为主题的茶话会所安排的文娱节目或文娱活动，往往不需要事前进行专门的安排与排练，而是以现场的自由参加与即兴表演为主。它不必刻意追求表演水平的一鸣惊人，而是强调重在参与、尽兴而已。

（3）以专题为主题　这类茶话会是指在某一特定的时刻，为了某些专门的问题而召开的茶话会。它的主要内容，是主办单位就某一专门问题收集反映，听取某些专业人士的见解，或者是同某些与本单位存在特定关系的人士进行对话。这类茶话会虽然有着专门主题，但也要求与会者积极参与、主动发表自己的意见，不必有太多顾虑。

2. 来宾的邀请

确定了茶话会主题后，主办单位在筹办茶话会时，必须围绕主题来邀请来宾，尤其是确定好主要的与会者。来宾可以是本单位的顾问、社会知名人士、合作伙伴等各方面人士。茶话会的来宾名单一经确定，应立即以请柬的形式向对方提出正式邀请。按惯例，茶话会的请柬应在半个月之前被送达或寄达被邀请者，被邀请者可以不必答复。茶话会的来宾是指除主办茶话会单位的会务人员之外的人士，大体上可分为下列五种情况：

（1）本单位的人士　具体来讲，以本单位人士为主要与会者的茶话会，主要是邀请本单位的各方代表参加，意在沟通信息、通报情况、听取建议、嘉勉先进、总结工作。这类茶话会亦可邀请本单位的全体员工或某一部门、某一阶层的人士参加。因此，它也叫做内部茶话会。

（2）单位顾问　这种茶话会的主要参与者是本单位的顾问。它旨在表达对有助于本单位的各种专家、学者、教授的敬意，他们受聘为本单位的顾问，为单位的发展做出了极大的贡献。同时，特意邀请他们与会，既表示了对他们的尊敬与重视，也可以进一步地直接向其咨询，并听取其建议。

（3）商务伙伴　即合作中的伙伴，在此特指在商务往来中与本单位存在着一定联系的单位或个人，除了合作者之外，还应包括与本单位存在着供、产、销等其他关系的单位。以合作中的伙伴为主要与会者的茶话会，重在向与会者表达谢意，密切彼此之间的合作关系。这种茶话会，有时亦称联谊会。

（4）社会上的名士　通常是指社会上品质、才能、声望都很高的人士。作为有名人士，他们不仅在社会上具有一定的影响力、号召力和社会威望，而且还往往是某一方面的代言人。以社会上的名士为主要与会者的茶话会，可使本单位与与会名士直接进行交流，加深对方对本单位的了解与好感，并且倾听社会各界对本单位直言不讳的意见或反映。

（5）各方面的人士　有些茶话会，往往会邀请各行各业的人士参加，这种茶话会，通常叫做综合茶话会。以各方面的人士为主要与会者的茶话会，除了可供主办单位传递必要的信息外，更重要的是为与会者创造一个扩大个人交际面的社交机会。

3. 地点的选择

一次茶话会要取得成功，其时间、空间的具体选择，都是主办单位必须认真对待的事情。

适合举行茶话会的场地主要有：主办单位的会议厅；宾馆的多功能厅；主办单位负责人的私家客厅；主办单位负责人的私家庭院；露天花园；包场的高档营业性茶楼或茶室。而餐厅、歌厅、酒吧等地方，不合适举办茶话会。

4. 时机、时间、时间长度的选择

举行茶话会的时间问题可以分解为三个小问题，即举行的时机、举行的时间、召开时间的长短。这是茶话会要取得成功的重要条件。

唯有时机选择得当，茶话会才会产生应有的效应。通常认为，辞旧迎新之时、周年庆典之际、重大决策前后、遭遇危难挫折之时等，都是商界单位酌情召开茶话会的良机。

茶话会举行的时间，是指茶话会具体应于何时举行。根据国际惯例，举行茶话会的最佳时间是下午 4 点钟左右。有些时候，亦可将其安排在上午 10 点钟左右。需要说明的是，在具体进行操作时，大可不必墨守成规，而主要应以与会者尤其是主要与会者的方便与否以及当地人的生活习惯为准。

对于一次茶话会到底举行多久的问题，没有确切规定，可由主持人在会上随机应变，灵活掌握。也就是说，茶话会往往是可长可短的，关键是要看现场有多少人发言，发言是否热烈。不过在一般情况下，一次成功的茶话会，大都讲究适可而止。若是将其限定在一个小时至两个小时之内，它的效果往往会更好一些。

（三）茶话会礼仪

1. 茶话会会序

在正常的情况之下，商界所举办的茶话会的主要会议议程大体有如下四部分：

（1）主持人宣布茶话会正式开始　宣布开始前，主持人要请与会者各就各位。宣布开始后，主持人可对主要与会者略加介绍。

（2）主办单位的主要负责人讲话　一般情况下，讲话的主要内容是明确此次茶话会的主题，并对全体与会者的到来表示欢迎与感谢，并且恳请大家今后能给予本单位更多的理解、更大的支持。

（3）与会者发言　这些发言在任何情况下都是茶话会的重心。为了确保与会者在发言中直言不讳、畅所欲言，通常，主办单位事先不对发言者进行指定和排序，也不限制发言的具体时间，而是提倡与会者自由地进行即兴式的发言。一个人还可以多次发言，来不断补充、完善自己的见解、主张。

与会者的现场发言在茶话会上举足轻重。根据茶话会礼仪的规范，现场发言要想获得真正的成功，重点在于主持人的引导得法和与会者的发言。在茶话会上，主持人所起的作用往往不止于掌握、主持会议，更重要的是要求他能够在现场审时度势，因势利导地引导与会者的发言，并且有力地控制会议的全局。在众人争相发言时，应由主持人决定孰先孰后。当无人发言时，应由主持人引出新的话题，或者恳请某位人士发言。当与会者之间发生争执时，应由主持人出面劝阻。在每位与会者发言之前，可由主持人对其略作介绍。在其发言的前后，应由主持人带头鼓掌致意。

万一有人发言严重跑题或言辞不当，则还应由主持人出面转换话题。与会者在茶话会上发言时，表现必须得体，在要求发言时，可举手示意，但同时也要注意谦让，不要与人进行争抢。不论自己有何高见，打断他人的发言或插话，都算失礼的行为。在进行发言的过程中，不论所谈何事，都要使自己语速适中、口齿清晰、神态自然、用语文明。肯定成绩时，一定要实事求是，力戒阿谀奉承；提出批评时，态度要友善，切勿夸大事实，讽刺挖苦。与其他发言者意见不合时，要注意"兼听则明"，并且一定要保持风度，切勿当场对意见不同者表示出不满，或是在私下里对对方进行人身攻击。

（4）茶话会结束　主持人略作总结后，可以宣布茶话会结束。

2. 座次安排

从总体上来讲，在安排与会者的具体座次时，必须和茶话会的主题相适应。安排茶话会与会者具体座次的时候，可以采取下面几种方法。

（1）环绕式　所谓环绕式排位，指的是不设立主席台，而将座椅、沙发、茶几摆放在会场的四周，不明确座次的具体尊卑，而听任与会者到场之后自由就座。这一安排座次的方式，与茶话会的主题最相符，因而在当前流行最广。

（2）圆桌式　指的是在会场上摆放圆桌，而请与会者在其周围自由就座的一种安排座次的方式。在茶话会上，圆桌式排位通常又分为下列两种具体的方式：一是仅在会场中央安放一张大型的椭圆形会议桌，而请全体与会者在其周围就座；二是在会场上安放数张圆桌，而请与会者自由组合，各自在其周围就座。当与会者人数较少时，可采用前者；而当与会者人数较多时，则应采用后者。

（3）主席式　在茶话会上，主席式排位并不意味着要在会场上摆放出一目了然的主席台，而是指在会场上，主持人、主人与主宾应被有意识地安排在一起就座，并且按照常规，居于上座之处，例如中央、前排会标之下或是面对正门之处。

（4）散座式　所谓散座式排位，多见于在室外举行的茶话会。它的座椅、沙发、茶几桌的摆放，貌似散乱无序，四处自由地组合，甚至可由与会者根据个人要求而自行调节，随意安置。这种座次安排就是要创造出一种宽松、舒适、惬意的社交环境。

总体而论，为了使与会者畅所欲言，并且便于大家进行交际，茶话会上的座次安排，尊卑并不宜过于明显。不排座次，允许自由活动，不摆与会者的名签，乃是其常规做法。

3. 茶点安排

有别于正式的宴会，茶话会不上主食，不安排酒品，只提供茶点。茶话会是重"说"不重"吃"的，没必要在吃的方面过多下工夫。

① 对于用以待客的茶叶与茶具，务必要精心进行准备。选择茶叶时，在力所能及的情况下，应尽力挑选上等品，切勿滥竽充数。与此同时，要注意照顾与会者的不同口味。对中国人来说，绿茶老少皆宜，而对欧美人而言，红茶则更受欢迎。

在选择茶具时，最好选用陶瓷器皿，并且讲究茶杯、茶碗、茶壶成套，千万不要采用玻璃杯、塑料杯、搪瓷杯、不锈钢杯或纸杯，也不要用热水瓶来代替茶壶。所有的茶具一定要清洗干净，并且完整无损，没有污垢。

② 除主要供应茶水之外，在茶话会上还可以为与会者略备一些点心、水果或是地方风味小吃。需要注意的是，在茶话会上向与会者所供应的点心、水果或地方风味小吃，品种要对路、数量要充足，并且要便于取食，因此在上小吃时连擦手的手巾也要一并送上。按惯例，在茶话会举行完之后，主办单位通常不再为与会者备餐。

4. 应注意的问题

（1）及时通知并说明内容　通知应及时发送，应注明时间、地点、座谈内容，并且写上举办茶话会的单位或部门名称。如果用电话通知，最好应找到参加者本人，并告知其详细内容。如托人转告，应把要点告诉转告者，以便会议参加者有备而来。

（2）鼓励插话与争论　与洽谈会不同的是，为了使会议气氛活跃、热烈，可以鼓励大家采取你一言我一语的插话和争论方式进行座谈。这样，才能使与会者知无不言、言无不尽，才能听到与会者发自肺腑的心声。

四、能力训练——案例分析

张女士称,前几天她接到一个电话,对方称是某保险公司和中国移动在做活动,抽取幸运手机号,凭尾号可领取奥运纪念钞一套。随后短信通知张女士第二天下午2点到西单惠能大厦参加茶话会并领取奖品。记者拨通了短信里联系人刘小姐的电话,刘小姐称可以代领奖品,但要年满25周岁以上,并对理财感兴趣的才能参加。到了西单惠能大厦,记者发现每层都有一个大会议室,里面坐满了人。刘小姐给了记者一张写着编号的小纸条,就热情地将记者引进了3层一间大会议室,屋里黑压压一片,有200多人,年龄多在30岁到60岁之间。长排桌子拼成一溜,上盖红桌布,桌上零星摆着糖果和柑橘,让人想起这是场"茶话会"。现场6位市民告诉记者,他们都是接到电话说手机号被抽中来领奖品的。

这时,一位姓刘的讲师开始上台讲课,东拉西扯讲了一通,最后谈到一切投资都不保险,只有他们公司的保险保赚不亏,他鼓动大家成为该公司金卡用户。此时已有年轻人起身离开,老人们则有的趴在桌上打起了呼噜。随后又上来一名年轻女子,用抑扬顿挫的语调念了一遍摆在台上的奖品,称当天办卡用户有机会获得招财佛和招财金蟾等,并请保险代理人进来介绍险种。会议室里立刻涌入了上百名穿着正装的保险代理人,他们分头去找自己的客户。刘小姐很快找到了记者,她先送给了记者一张中国银行发行的奥运纪念钞,称这在市面上已经炒到了上千元。随后开始极力劝说记者买保险。见记者不为所动,她又找来了一位刘主任,刘主任问是否可以上门服务,被拒绝后就要求提供家人或者朋友的电话。记者再转头一看,刚刚意志坚定的曾先生正给儿子打电话,说要给他上保险。和曾先生一样,周围的老人们也纷纷心动了,会后20分钟,就已经有两三名老人准备申请上险了。

刘主任说,他们是北京分公司某522部的,这样的茶话会已经进行了几个月,每天都有200多人到场,现场上保的人很多;而以送纪念钞为理由,只是为了传达一份心意;今天其他教室也在宣传同样的产品。记者查询发现,所谓的奥运纪念钞,只是在网上热卖的"金箔奥运纪念钞",从18元到38元一套不等,一张也就几元钱。

讨论题:

本案例中提到的茶话会是真正的茶话会吗?为什么?

项目7 世界部分会展国家和地区礼仪简介

模块1 欧洲主要会展国家礼仪

一、教学目标

1. 终极目标

了解欧洲主要会展国家礼仪的内容及要点。

2. 促成目标

具备与欧洲主要会展国家客人接触的基本能力。

二、案例

1. 案例介绍

王先生是个经营食品添加剂的公司的老板，经常与俄罗斯商人有业务往来。一次，他将一把非常有民族特色的精美的刀子送给一个俄罗斯的客户，他这么做本来是想增进友谊、加强合作，结果却让俄罗斯商人很生气。后来经过翻译解释，才知道在俄罗斯，刀意味着交情断绝或彼此将发生打架争执，而手绢则象征着离别。因此在俄罗斯，送礼不得送刀和手绢。

2. 案例分析

由此案例可以看出，和不同国家的人交往，送礼也是一门学问。礼物并不是可以随便送的，假如你需要赠送礼物，在送礼物时，一定要注意你的朋友是哪个国家的人，按照他们的风俗习惯送出礼物。要不然你的一番好意和热情可能会遭到误解，甚至发生不愉快。所以，送礼前一定要关注一下各国的风俗习惯，使你的礼物能够达到你想要的效果。

三、理论知识

欧洲是世界会展的发源地，会展经济整体实力最强、规模最大。在这个地区，中欧的德国、南欧的意大利、西欧的英国和法国以及隶属东欧同时跨欧亚大陆的俄罗斯都是世界级的会展业大国。这些国家自然环境优美，文化古迹很多，工业相当发达，国民生活水平高，吸引着世界各地游客。

（一）德国

德国全名为德意志联邦共和国，国花为矢车菊，德语为通用语言，首都位于柏林。居民中约33%信奉基督教新教，约33.02%的人信奉罗马天主教。德国是世界会展业头号强国，世界上影响最大的210个专业展中有2/3在德国举办。中国很多出版人之所以要去德国参展，就是因为有著名的法兰克福图书展。

1. 节庆

除传统的宗教节日外，德国最主要的节日是举世闻名的慕尼黑啤酒节。该节从每年9月最后一周到10月第一周，要连续过半个月，热闹非凡，节日期间所喝的啤酒可汇集成河。德国科隆的狂欢节从每年11月11日11时11分开始，要持续数十天，到来年复活节前40天才算过完。复活节前一周的星期四是妇女节，妇女们这一天不但可以坐上市长的椅子，还可以拿着剪刀在大街上公然剪下男子的领带。

2. 饮食习惯

德国人早餐比较简单，一般只吃面包、喝咖啡。午餐是他们的主餐，主食一般是面包、蛋糕，也吃面条和米饭；副食喜欢吃瘦猪肉、牛肉、鸡蛋、土豆、鸡鸭、野味，不大喜欢吃鱼虾等海味。不爱吃油腻、过辣的菜肴，口味喜清淡、甜酸，忌食核桃。晚餐一般吃冷餐，吃时喜欢关掉电灯，只点几支蜡烛，在幽淡的光线下边谈心边吃喝。他们爱吃各种水果及甜点心。德国人的饮料以啤酒为主，他们也爱喝葡萄酒，但切忌在席间劝酒。此外，德国人在外聚在一起吃饭，在不讲明的情况下，要各自掏钱。

3. 礼仪规范

德国人好清洁，讲究穿戴，着装严谨整齐，甚至在官方、半官方的邀请信中，往往注明衣着的要求。一般男士穿深色的三件套西装，打领带，并穿深色鞋袜；女士多穿长过膝盖的套装或连衣裙。不允许女士在商务活动中穿低胸、紧身、透明的性感上装和超短裙，也不允许佩戴过多的首饰（不超过3件）。

德国人在礼节上讲究形式，会面或拜访均需事先预约。德国人的时间观念极强，约会非常准时。因此，与德国人约会，要注意切忌迟到，如果中途有变或由于某种原因不能准时到达，一定要提前打电话告知。见面时多实行握手礼，伸手动作要大方。如果对方身份高，须得他先伸手，再与之握手。要注意的是，不可与4个人交叉握手，这样会被认为非常不礼貌。德国人习惯用"×先生"、"×女士"、"×夫人"来称呼对方，不可随意以名字称呼德国人。在宴会上，一般男子要坐在妇女和职位高的人的左侧；女士离开和返回饭桌时，男子要站起来以示礼貌。与他们交谈，可谈有关德国的事及个人业余爱好和体育，如足球之类的运动，但不要谈篮球、垒球和美国式的橄榄球运动。

4. 商务习惯

与德国商人初次见面一般不送礼。如果送礼，礼品不可太贵，否则有受贿之嫌，而且有单位标示的物品不宜作为礼品。可选择有民族特色、有文化品位的物品作为礼品。礼品不要用白色、黑色和棕色的包装纸包装，外面也不要扎彩带，更不要把自己的名片放在礼品中，最好自己另外写一张名片送上。如果受德国人之邀上门做客，不要空手而去，最好给主人送一束鲜花。

德国商人非常讲究效率，在商务谈判前要做好充分的准备，包括议程安排，他们非常讨厌"临阵磨枪"、漫无目的的闲谈，愿意单刀直入。在谈判中德国人一般比较固执，难以妥协，交易中很少让步。但他们重合同、守信誉，严格执行合同。同时，一旦合同签订，一般不接受任何对合同的更改。因此，与德国人做生意签约前要非常谨慎，签约后要严格执行合同。

5. 禁忌

德国人忌用棕色、红色、深蓝色和黑色作包装色，通常不喜欢红色和黑色。因为红色被认为是色情的颜色，黑色是悲哀的颜色。同其他的基督教国家一样，忌讳"13"和"星期五"。在社交场合切忌用一颗火柴连续给3个人点烟，否则第三个人会很生气的。交谈时，德国人忌讳4个人交叉式谈话，也不喜欢在公共场合窃窃私语，他们认为这是非常不礼貌的行为。另外，谈话时不要用眼睛盯视对方。切忌送菊花、玫瑰和蔷薇，花的枝数不能是"13"或双数，鲜花不要用纸包扎。

（二）意大利

意大利全名为意大利共和国，国花为雏菊，又名五月菊。意大利语为通用语言，部分边境地区讲法语和德语，首都位于罗马。居民中绝大多数信奉天主教，天主教在意大利有着很大的传统影响，首都罗马城内的梵蒂冈是世界罗马天主教的中心。意大利的首都罗马有三多：教堂多、喷泉多和雕塑多。意大利是欧洲办展最多的国家，著名的米兰国际展览中心是世界三大展场之一。

1. 节庆

意大利人过基督教三节的盛况为世人瞩目。他们的狂欢节在世界上很有名。意大利狂欢节在每年2月中旬进行，比德国狂欢节的时间短，和巴西的狂欢节过法也不相同。此外还有罗马建城节（4月21日）、情人节（2月14日）。蛇节无疑使害怕蛇的人望而生畏，因为这一天人们手中拿着蛇，街上爬着蛇。意大利人过除夕夜放鞭炮，摔瓶子、花盆等，热闹非凡。

2. 饮食习惯

意大利人喜欢吃米饭和面食，面食的种类繁多，不仅可以当主食，而且可以当菜肴。该国菜肴具有味浓、原汁原味的特点。由于意大利三面濒海，海鲜丰富，因此意大利人喜食海鲜，喜欢吃生的牡蛎及蜗牛。来华的意大利人对我国粤菜、川菜比较喜欢，但川菜要无辣或微辣。餐后，意大利人喜欢吃水果，如苹果。酒是意大利人离不开的饮料，特别是葡萄酒，不论男女，几乎餐餐都饮。吃一顿饭，菜只要两三道，但酒却要喝上一两个小时，连喝咖啡也要兑上一些酒。过节时，更要开怀痛饮。在一般情况下，意大利人以午餐为主餐。他们认为，拒绝他们的邀请是很不礼貌的。在席间，他们主张莫谈公事，以便专心致志地用心品尝美味佳肴。

3. 礼仪规范

意大利的服装享誉世界，米兰时装被誉为世界三大服装流派之一。意大利人对着装也非常讲究，既时髦又极富个性。但在正式场合，他们一般都身着西服套装，尤其在参加重大活动时，喜欢穿三件套西装。与他人初次见面时，意大利人大都施以握手礼，并且会向对方问好。意大利人亲友之间经常跳舞联欢，待人接物也颇多艺术情调，亲朋好友久别重逢会热情拥抱，甚至亲吻。意大利大学生毕业后一般都有头衔，喜欢别人称呼他们的头衔。在正式场合中，意大利人以"×先生"、"×小姐"、"×夫人"相称；但在书写函件、请柬时，宜称其全姓；对关系密切者，方可直呼其名。为了向交往对象表示恭敬之意，意大利人往往会对对方以"您"相称。另外，由于意大利人的名字难发音、难记忆，名片被广泛使用。初次见面时，双方要互换名片。

意大利人的时间观念有些特殊，与别人进行约会时，往往都会晚到几分钟。据说，意大利人认为这既是一种礼节，也是一种风度。与意大利人的谈话内容可以是家庭、工作、新闻及足球，但不要与他们谈论政治和美国式的橄榄球。

4. 商务习惯

在商务活动中，意大利人有着送礼的习惯。精美典雅的物品，如鲜花、名著、书画工艺品、葡萄酒与巧克力等都是深受欢迎的。但忌送红玫瑰、手帕、丝织品与亚麻织品。

初次面谈时，意大利人往往表现得很客气，回答都比较模棱两可，但见过几次见面以后，彼此间打消了隔阂，生意的洽谈也就顺利多了。在意大利做生意，一旦取得他们的信任，生意就会持续不断。意大利人大多善于交际，并很重视友谊。如果能和意大利人建立深厚的友情，就具备了扩大生意的稳固基础。同意大利商人做生意，通常经过面谈才会使生意成交，较少用电话来订货或接受订货。

意大利人说话时靠得比较近些，双方间隔一般在30～40厘米，有时几乎靠在一起。交谈时他们不喜欢对方盯视，认为这种目光是不礼貌的。

5. 禁忌

意大利人最喜爱的色彩是绿色和灰色，也比较欣赏蓝色和黄色。而对于紫色，他们则较为忌讳。在意大利，动物与鸟类的图案是最受欢迎的，尤其是对狗和猫异常偏爱；而仕女图案、十字花图案则为其所忌。在数字方面，意大利人最忌讳的数字与日期分别是"13"与"星期五"。就餐时不能有"13"人同桌。除此之外，他们对于"3"这一数字也不大有好感，特别是不能用一根火柴或一个打火机同时给3个人点烟。

（三）英国

英国全名为大不列颠及北爱尔兰联合王国，国花为玫瑰，英语为官方语言，首都位于伦敦。绝大部分英国人信奉基督教，只有北爱尔兰地区的一部分居民信奉天主教。

1. 节庆

英国除了宗教节日外还有不少全国性和地方性的节日。在全国性节日中，国庆和除夕之夜是最热闹的。英国国庆按历史惯例定在英王生日那一天。除夕之夜家家全家围坐，聚餐饮酒，唱辞岁歌辞旧迎新。英格兰的新年礼物是煤块，拜亲访友时进门要把煤块放入主人家的炉子内，并说："祝你家的煤长燃不熄。"

2. 饮食习惯

英国人饮食没有什么特别的禁忌，只是口味喜清淡酥香，不爱辣味。有些比较讲究的英国人一日四餐：早餐丰盛，一般吃麦片、三明治、奶油点心、煮鸡蛋，饮果汁或牛奶；午餐较简单；午后饮茶也算一餐，通常喝茶，吃面包、点心；晚餐最讲究，吃煮鸡、煮牛肉等食物，也吃猪、羊肉。商务宴请一般安排在晚上为好，时间可以稍微长一些。英国人做菜不爱放调味品，调味品放在餐桌上，任进餐者调味。用餐讲究座次、服饰、方式。

英国人每餐都喜欢吃水果，晚餐还喜欢喝咖啡。夏天爱吃各种果冻和冰淇淋，冬天则爱吃蒸的布丁。

英国人爱喝茶，一早起床就要喝一杯浓红茶。倒茶前，要先往杯子里倒入冷牛奶，加点糖，若先倒茶后倒奶会被认为无教养。他们常饮葡萄酒和冰过的威士忌、苏打水，也有的喝啤酒，一般不饮烈性酒。

3. 礼仪规范

英国人重视礼节和自我修养，所以也注重别人对自己是否有礼，重视行礼时的礼节程序。他们很少在公共场合表露自己的感情。特别是年长的英国人，喜欢别人称他们的世袭头衔或荣誉头衔，至少要用"先生"、"夫人"、"阁下"等称呼。见面时对初次相识的人行握手礼，但切忌交叉握手，因为这样会构成英国人十分忌讳的十字形。如果被介绍与一位女士相识，一定要等女士先伸手，才可与之相握，如果对方没有握手之意，切不可强行握手。在大庭广众之下，他们一般不行拥抱礼，男女在公共场合不手拉手走路。他们安排时间讲究准确，而且照章办事。若请英国人吃饭，必须提前通知，不可临时匆匆邀请。英国人若请你到家赴宴，你可以晚去一会，但不可早到。若早到，有可能主人还没有准备好，导致失礼。

英国人最讲究"绅士风度"和"淑女风范"，认为这种风度是他们的骄傲。他们在参加社交应酬时，身穿燕尾服，头戴高筒礼帽，手持"文明棍"或是雨伞的绅士形象给世人留下很深的印象。随着时代的发展，虽然现在的英国人在穿戴方面有了很大的变化，但他们在正式场合的穿着仍然庄重而保守。一般是男子要穿三件套的深色西装，但忌戴条纹领带；女士则要穿深色的套裙。而且英国男子讲究天天刮脸。因此，在和英国人打交道时，要注意自己的仪表着装，必须干净整洁、服饰得体，男士不可胡子拉碴，女士不可穿过于超短、暴露的衣着，宜化淡妆。

英国人在生活中奉行"女士优先"的风俗，"女士第一"在英国比世界其他国家都明显，无论是行走、乘电梯、乘车都应让女士先行，接待英国妇女时必须充分尊重她们。另外，英国人很有教养，"请"、"谢谢"、"对不起"、"你好"、"再见"一类的礼貌用语天天不离口。对英国人用表示胜利的手势"V"时，一定要注意手心对着对方，否则会招致不满。和英国人闲谈最好谈天气等，不要谈论政治、宗教和有关皇室的小道消息。安排英国客人的住房时，要注意他们喜欢住大房间并愿独住的特点。

4. 商务习惯

英国客商有很强的时间观念，喜欢按预先的计划行事。无论是谈判还是上门拜访都要预先约定，他们会准时赴约。他们不喜欢突然到访，更反感约会迟到或随意占用晚上的私人时间。英国人的性格比较保守、谨慎，在待人接物上讲究含蓄和距离。在谈判中习惯于非此即彼的态度，往往不允许讨价还价，因此，和他们做生意不能操之过急，要避免硬碰硬地讨价还价。

赠送礼物同其他的西方国家基本相同，只是他们更喜欢瓷器或银器这类物品。如果晚上请他们看歌剧、芭蕾舞等作为礼尚往来的形式，他们会非常高兴。下班后，英国人不谈公事，特别讨厌就餐时谈公事，也不喜欢邀请有公事交往的人来自己家中吃饭。在宴会上若英国人当主人，他可能先为女子敬酒，敬酒之后客人才能吸烟、喝酒。当着英国人面要吸烟时，要先礼让一下。

5. 禁忌

英国同其他的基督教国家一样，忌讳"13"、"3"以及"星期五"。视"13"和"星期五"为厄运和凶兆的数字和日期，如果13号恰好是星期五，则被认为是"黑色星期五"，这天人们一般都不举行活动。同时他们也不喜欢"3"这个数字，特别忌用打火机或火柴为他们点第三支烟。一根火柴点燃第二支烟后应及时熄灭，再用第二根火柴点第三个人的烟才不算失礼。与英国人谈话，若坐着谈话，应避免两腿张得过宽，更不能跷起二郎腿；若站着谈，不可把手插入衣袋。忌当着英国人的面耳语，不能拍打肩背。英国人忌用人像作商品装潢，忌用大象图案，因为他们认为大象是蠢笨的象征。英国人讨厌孔雀，认为它是祸鸟，把孔雀开屏视为自我炫耀和吹嘘。

英国人比较喜欢蓝色和白色，反感墨绿色。红色也不大受欢迎，因为英国人认为红色有凶兆。黑色多被用在葬礼中，因此使用时要慎重。玫瑰是英国的国花，他们非常喜欢，也很欢迎蔷薇花，但忌讳菊花，因为在英国人看来菊花是葬礼上的用花。

另外，英国人忌讳随便将任何英国人都称为英国人，一般称英国人称为"不列颠人"或具体称为"英格兰人"、"苏格兰人"等。英国人忌讳打喷嚏，因为他们非常怕流感。

（四）法国

法国全名为法兰西共和国，国花为鸢尾花，法语为通用语言，首都位于巴黎。巴黎有"展览之都"的美誉，巴黎博览会也是久负盛名，从创办至今政府要人届时参观已成惯例。大多数法国人信奉天主教，少数信奉基督教和伊斯兰教。法国人待人彬彬有礼，礼貌语言不离口。稍有不当,如偶尔碰了别人一下,就认为自己失礼而马上说"对不起"。在公共场所,他们从不大声喧哗。

1. 节庆

法国人过年,家中的酒要全部喝完,他们认为过年若不喝完家里的酒,来年就要交厄运。法国人过其他节日也大量喝酒,如每年7月14日的国庆节、5月8日的停战节等。11月1日是法国人祭祀先人及为国捐躯者的节日,叫万灵节。

2. 饮食习惯

法国烹饪誉满全球,法国人非常讲究吃,就餐是法国人的一大快事。法国人一般喜欢晚宴,不喜欢午餐,并且在宴会上忌讳谈生意。法国人素来爱饮酒,他们爱喝葡萄酒、苹果酒、白兰地、威士忌、杜松子酒等。法国人很喜欢中餐,尤其对鲁菜、粤菜赞赏不已。宴请法国人时须注意,他们讲究菜肴的鲜嫩和质量,偏爱酸、甜口味。男士应走在女士的前面为其打开门,帮女士将椅子挪好。坐好后,征得女士的同意方可开始点菜。餐毕,男士应请女士先行。

3. 礼仪规范

巴黎是时装之都,一直引领世界时装的潮流,法国人非常重视服饰和仪容仪表。法国同时又是世界香水之都、化妆品之都,法国人是使用香水、化妆品的高手。法国人的衣着一般都十分讲究,在他们看来,衣着代表一个人的修养、身份和地位,他们在正式场合都身着传统的西服套装。因此,在商务场合,我们也要尽可能地穿上最好的衣服,打扮得华而不俗。

法国商界盛行握手礼,被介绍与人相识时,通常都应握手致意,在告辞时也应与被介绍的所有人一一握手告别。应注意的是:男女见面时,男士要等待女士先伸手后才能与之相握,若女士没有主动握手之意,男士就应点头鞠躬致意,不可主动执意与女士握手。法国人行接吻礼时,规矩很严格:朋友、亲戚、同事之间只能贴脸或颊,长辈对小辈是亲额头,只有夫妇和情侣才真正接吻。在与法国人进行商务交往时,切忌随意以名字称呼对方,通常习惯只称"先生"、"小姐"、"夫人"等尊称,不用加上对方的姓。熟人、同事之间可直呼其名。在初次见面时应主动向对方递上自己的名片。在介绍本方人员时,应本着先把年少的介绍给年长的、把地位低的介绍给地位高的、把男士介绍给女士的原则。如要自我介绍,通报自己的姓名以及在公司承担的职务即可。

与法国人初次见面不必送礼,但到法国人家中做客,应给女主人送上一束鲜花或价值不高的小礼品。上好的酒、巧克力、精致的蛋糕以及唱片、艺术画册、畅销的书如名人传记和回忆录等,均是受欢迎的礼物。如果收到法国人的礼物,应马上打开来看,以示非常高兴。

4. 商务习惯

法国人生性爽朗、热情、幽默,善于交际。在正式谈判前,喜欢闲谈一会儿,话题多涉及衣食文化、社会新闻和体育娱乐新闻等,宜与之亲切交谈,活跃谈判气氛,增进友谊。法国商人富有顽强精神,比较偏爱横向式谈判,总是先为协议勾画出一个轮廓,然后再达成原则协议,最后确定协议上的各个方面。他们在谈妥主要条件后,就会在合同上签字,但即使签了字,也常常修改。因此,在与法国人谈判时切忌急于求成,达成的协议必须用书面形式双方互认,严格审核合同后再签字。

5. 禁忌

法国人忌黄色的花,认为黄色花象征不忠诚;忌黑桃图案,视之为不吉利;忌仙鹤图案,认为仙鹤是蠢汉和淫妇的象征。法国人比较喜欢蓝色、粉红色,把它们看成是宁静、祥和与积极向上的颜色。而忌讳墨绿色，因为这种颜色容易使人联想到二战时的德国纳粹。另外，平时对黑色的使用也比较谨慎，黑色是在葬礼上使用的颜色；忌送香水给关系一般的女人，在法国认为送香水给女人意味着求爱。

法国人忌讳"13"这个数字，商品不标"13"的价格，没有"13"层楼，门牌没有"13"号，就餐时不能"13"人同桌。他们也认为"星期五"是不吉利的日子。如果"星期五"与"13"日碰在一起，一般商人在这一天都不活动。法国人对类似纳粹的任何图案都极为反感，也不喜欢商品和包装上出现宗教性的图案和锤子、镰刀图案。同时对我国的山水、仕女图案以及大红花朵的图案也不欣赏。

在法国人看来，初次见面不要送礼，否则被认为是不善交际。不可送法国人菊花、杜鹃花、红蔷薇、红玫瑰等花，花的枝数和朵数不能是"13"或双数；送花时不能用纸包装。避免送过于个人化的礼品，如衣服、鞋子、香水、化妆品等。

（五）俄罗斯

俄罗斯全名为俄罗斯联邦，国花为向日葵，俄语是国语。主要宗教是东正教。俄罗斯是一个大国，有着悠久的历史和丰富的传统文化。俄罗斯人重视文化教育，喜欢艺术品和艺术欣赏。

1. 节庆

俄罗斯人每年要过圣诞节、洗礼节、谢肉节和旧历年等。

2. 饮食习惯

俄罗斯人日常以面包为主食，鱼、肉、禽、蛋和蔬菜为副食。他们喜食牛、羊肉，但不大爱吃猪肉，偏爱酸、甜、咸和微辣口味的食品。俄罗斯人的早餐较简单，吃上几片黑面包、喝上一杯酸牛奶就可以了。但午餐和晚餐很讲究，他们要吃肉饼、牛排、红烧牛肉、烤羊肉串、烤山鸡、鱼肉丸子、炸马铃薯、红烩的鸡和鱼等。俄罗斯人爱吃中国许多肉类菜肴，对北京的烤鸭很欣赏，但不吃木耳、海蜇、海参之类的食品。俄罗斯人在午餐和晚餐时一定要喝汤，而且要求汤汁浓，如鱼片汤、肉丸汤、鸡汁汤等。俄罗斯人爱喝酒佐餐，酒量也很大，他们最喜欢喝高度烈性的"伏特加"，对我国产的"二锅头"等白酒也是爱不释手。俄罗斯人在喝红茶时有加糖和柠檬的习惯，通常他们不喝绿茶。酸牛奶、果汁则是妇女和儿童们喜爱的饮料。

3. 礼仪规范

俄罗斯人十分注重仪表，出门时总是衣冠楚楚，因此，与他们打交道切忌衣冠不整。在正式的场合最好穿传统的西服套装。

与俄罗斯人会谈或拜访，一般要提前3天约定，他们的时间观念很强，会准时赴约，最好提前5分钟到达约会地点，切忌迟到。初次与俄罗斯人见面一定要行握手礼，告辞时也要握手。如果是老朋友相见，他们常常会行亲吻拥抱礼。

俄罗斯人迎接贵宾的方式是"面包加盐"，以此来表示最高的敬意和最热烈的欢迎。在正式的场合，陌生人相互介绍时，最好用对方的正式头衔或全称。同时要准备足够的俄英两种文字的名片。俄罗斯人的文明程度很高，相互之间称呼时常用"您"，以示尊敬。与其交谈时要注意礼貌周全，语言文明。与俄罗斯人交往不能说他们小气。初次结识俄罗斯人忌问对方私事。不能与他们在背后议论第三者。对妇女忌问年龄等。俄罗斯人是讲礼貌、有教养的。

4. 商务习惯

俄罗斯商人是国际商务谈判的高手,在谈生意之前,他们会做好充分的准备,在谈判中他们精于讨价还价,还会使用各种方式达到目的。因此,在与俄罗斯商人谈判时,要精确使用合同用语,初次报价不可太低,在标准价格之上要加上一定的溢价。另外,俄罗斯人办事往往比较稳重,切忌急功近利、急于求成。

同俄罗斯商人交往时,要注意不要谈论俄罗斯的国内政治问题、民族问题、宗教问题和经济问题,也不要询问个人的收入和婚姻等私人问题。宴请他们时切忌用左手传递食物,也不宜用左手使用餐具,因为俄罗斯人认为"左主凶右主吉",因此在宴请场合要特别注意,否则就会造成失礼。

5. 禁忌

俄罗斯人忌讳黑色,认为黑色是死亡的颜色,普遍喜欢红色。同多数国家一样也忌讳"13",认为它是预示着凶险和灾难的数字;喜欢"7",认为它可以带来好运和成功。

俄罗斯人讨厌兔子和黑猫,认为如果这两种动物从自己的眼前经过,则预示着不幸将来临。但他们喜欢马,认为马可以祛邪避灾。

一般与俄罗斯人初次见面不用送礼。但如果到对方家里做客或赴宴,要给女主人送上一束鲜花,注意不宜送菊花、杜鹃花、石竹花和黄色的花。送花时必须是单数,但不能是"13"枝。

四、能力训练

在国际性的活动中,人们在发表演说时,总是这样开头:"Ladies and gentlmen",即先说"女士们"再说"先生们"。女士优先是欧美等西方国家传统的文化观念,是社交活动中重要的礼仪规范。尽管由于女权运动的发展,曾经有人对这一行为准则提出了异议,认为它表明女人和男人在能力上的不平等,是对妇女的"歧视"。但事实上,西方人强调女士优先并非将女性看作弱者,而是通过对女性的尊重和照顾,表达对"人类母亲"的感恩之情。因此,即使在男女平等的今天,女士优先仍然是世界上许多国家和地区最重要的社交原则之一,并且演化为一系列具体的、可操作的行为规范。

女士优先并不是仅指顺序上的优先,它要求男士在与女士交往时,要主动地尊重、照顾、体谅、帮助和保护女性。如果由于男士的疏忽,陷女士于尴尬的境地,那就是男士的失职,因而也谈不上"绅士风度"了。

思考题:

① 请男士举出一些能够体现女士优先的礼仪行为。

② 作为"优先者"的女士该怎样回应绅士们的尊重呢?

模块 2 美洲主要会展国家礼仪

一、教学目标

1. 终极目标

了解美洲主要国家会展礼仪方面的内容及要点。

2. 促成目标

具备与美洲主要会展国家客人接触的基本能力。

二、案例

1. 案例介绍

肯德基（KFC）餐厅的一隅，围坐着几位年龄相仿的大学生，点着相似的套餐，喝着相同的饮料，但不同的肤色却显示了他们来自不同的国家。谈笑风生、风卷残云之后，大家纷纷拿起自己的随身物品准备离开。中国学生习惯性地把包装纸丢进餐盘后便起身朝门口走去，而几位美国学生则无一例外地将自己的餐盘放到了回收点。双方都为对方的行为感到不理解，中国学生甚至"提醒"说："工作人员会收拾的。"轻松自如的快餐店真的可以随心所欲吗？

2. 案例分析

美国优秀教师罗恩·克拉克从多年的执教经验中得出了涵盖55个细节的育人心得，并以此来要求他的学生，其中有一条就是要求学生在任何快餐店用餐之后都要对自己产生的垃圾负责。用餐时要尽量避免把食物碎屑或者杂物掉落在餐桌上，用餐完毕应将你的餐盘送到指定地点。这一举手之劳不仅能减轻服务人员的工作量，更能给后来用餐者带来方便。这正是"我为人人，人人为我"的体现。

三、理论知识

美洲是南美洲和北美洲的合称，又称新大陆。北美洲主要国家是美国和加拿大，由于地理位置优越，自然环境良好，它们成为世界主要的国际会议主办国。拉丁美洲是指美国本土以南的所有美洲地区。拉丁美洲人热情豪放，热忱好客，能歌善舞。

（一）美国

美国全名为美利坚合众国，国花为玫瑰，英语为通用语言，首都位于华盛顿。大部分的美国人信奉基督教新教。美国是一个多民族的移民国家，历史不长，但经过200余年各民族相融、兼收并蓄，在习俗和礼节方面，形成了以欧洲移民传统习惯为主的特色。美国人给人的总体印象是：性格开朗，乐观大方，不拘小节，讲究实际；反对保守，直言不讳。美国是世界上最大的国际会议主办国，并且每年从国际会议和奖励旅游中获得巨大的收益。

1. 节庆

美国的国庆节称为"独立节"，在每年的7月4日。圣诞节是美国人最重视的节日。国定的节日还有感恩节，也叫火鸡节，在每年11月的第4个星期四举行。定在每年6月第3个星期日的父亲节和5月第2个星期日的母亲节都是为了感激父母含辛茹苦养育之恩的传统节日。美国的青年人还喜欢过愚人节（4月1日）。

2. 饮食习惯

美国人的饮食习惯有几个明显的特点：一是忌油腻，喜清淡。新鲜的蔬菜生的、冷的都吃。鸡、鸭、鱼等带骨的食品要剔除骨头后才做菜。二是喜欢吃咸中带甜的食品，烹调的方法偏爱煎、炒、炸，但不用调味品，而是把番茄沙司、胡椒粉、精盐、辣酱油等调味品放在桌上，任进餐者按自己的口味自由调配。三是美国人讨厌奇形怪状的食品，如鳝鱼、鸡爪、海参、猪蹄之类，清蒸的、红烧的均不吃；脂肪含量高的肥肉和胆固醇含量高的动物内脏也不吃。他们倒对我国北方的甜面酱、南方的海鲜酱有兴趣。他们平时自己做菜时喜欢用水果作配料，用苹果、紫葡萄和凤梨等来烧肉类、禽类食品。水果也用在做冷菜上，以色拉油调和，不用色泽深沉的酱油。

美国人一般不喝中国茶，爱喝冰水、冰矿泉水、冰啤酒、冰可口可乐等软性饮料和冰牛奶，而且越冰越好。餐前习惯喝些果汁，如橙汁、番茄汁；用餐过程中饮啤酒、葡萄酒等；餐后有喝咖啡助消化的习惯。美国人对饮料的消费量很大。

3. 礼仪规范

美国人一般都性格开朗，乐于与人交际，而且不拘泥于正统礼节，没有过多的客套。与人相见不一定以握手为礼，而是笑笑，说声 Hi（你好）就算有礼了；分手时他们也是习惯地挥挥手，说声"明天见"、"再见"。如果别人向他们行礼，他们也会用相应的礼节作答，如握手、点头、行注目礼、行吻手礼等。行接吻礼只限于对特别亲近的人，而且只吻面颊。对美国妇女，绝不能有男尊女卑的思想观念，要充分尊重她们的自尊心。见面时，如果她们不先伸手，不能抢着要求握手；如果她们已伸手，则要立即做出相应的反应，但不能握得又重又紧，长时间不松手。

美国人平时不大讲究穿戴，崇尚自然、偏爱轻松、体现个性是美国人穿着打扮的特点。但在正式的场合，美国人还是非常讲究服饰的，他们注意整洁，选择质地较好的西装，特别是鞋擦得很亮。而且他们的衬衣、袜子、领带每天一换。美国人很难接受身穿肮脏、有褶皱、有异味衣服的人。因此，在一般的社交场合，着装不必过于拘谨，但要注意整洁。正式谈判或公务活动中，最好身着质地较好的西服套装，女士切忌浓妆艳抹。

美国人天生浪漫、随和，甚至有些不拘小节，接待美国人时要注意他们有晚睡晚起的习惯。美国人的时间观念很强，约会一定要事先约定，并且准时赴约。他们通常不主动送名片给别人，只是双方想保持联系时才送。在称呼别人时，美国人极少使用尊称，他们更喜欢对方直呼其名，以表示双方的关系密切。当着美国人的面如想吸烟，需先问对方是否介意，不能随心所欲、旁若无人。

美国人讲话中礼貌用语很多，"对不起"、"请原谅"、"谢谢"、"请"等脱口而出，显得很有教养。他们在同别人的交谈中喜欢夹带手势，有声有色。但他们不喜欢别人不礼貌地打断他们讲话。另外，同其他外国人一样，美国人很重视隐私权，忌讳被人问及个人私事。交谈时与别人总保持一定的距离，所以与美国人谈话不得靠得太近，也不得太远，不然会被认为失礼。

4. 商务习惯

美国商人大都比较注重实效，喜欢直来直去。与美国人打交道时，表现得过于委婉、含蓄，或是有话不明讲，将不会有好的效果。与他们谈生意，事前要有充分的准备，谈判时可以直接进入主题，切忌闲谈，最好有一个一揽子的协议。在成交时切忌含含糊糊，"是"与"否"必须分得很清楚，不必讲客套，否则他们会不讲情面地追问到底。美国商人的法律意识很强，在商务谈判中要十分注意推敲每一个条款，否则容易引起法律纠纷。另外，需要特别强调的是，不要有意无意指名批评某人或某公司。

5. 禁忌

美国人也忌"13"、"星期五"等。他们还忌以蝙蝠作图案的商品和包装，认为这种动物吸人血，是凶神的象征。美国人忌讳与穿着睡衣的人见面，认为这是严重失礼的，因为他们认为穿睡衣就等于不穿衣服。美国人不提倡人际间交往送厚礼，否则要被涉嫌别有用心。

（二）墨西哥

墨西哥全名为墨西哥合众国，国花为仙人掌，西班牙语为官方用语，首都位于墨西哥城。在墨西哥，92.6%的居民信奉天主教。

1. 节庆

墨西哥是一个节日和庆典颇多的国家,几乎每个月都会有节庆活动,宗教性的节日最为重要,如"圣周"宗教节、受难节、瓜达卢佩圣母节、圣诞节、亡灵节等。在法定假日里,银行、邮局和政府机构以及大多商家都会休息。

2. 饮食习惯

墨西哥人口味偏辣,主食主要是玉米,尤其喜欢我国的川菜。他们不喜欢过于油腻和用牛油烹制的菜肴。饮料主要是葡萄酒、香槟酒、咖啡等。

3. 礼仪规范

墨西哥人平时的穿着打扮具有浓厚的民族特色和现代气息,但工作期间和正式场合着装又非常讲究严谨与庄重,一般穿西装或西式套裙。与墨西哥人会谈或上门拜访一定要事先约定,但他们赴约时一般要晚到15~30分钟,这已成为他们的风俗习惯。

墨西哥人热情、活泼、率直,又不失文雅、礼貌。在一般情况下,墨西哥人所采用的见面礼节,不是与对方握手,就是代之以微笑。熟人相见之时所采用的见面礼节主要是拥抱与亲吻礼。墨西哥人非常看重自己的身份和地位。在正式的场合,他们忌讳对方直接称呼自己的名字,最常用的方式是在姓氏前加上"先生"、"小姐"或"夫人"之类的尊称。"博士"、"教授"、"医生"、"法官"、"律师"、"议员"、"工程师"之类可以体现身份头衔的称呼,墨西哥人也极爱使用。

4. 商务习惯

在商务活动中,墨西哥人使用名片的频率非常高,因此在赴约时要准备充足的名片。与墨西哥商人谈判切忌急于求成,一般他们办事比较沉稳。虽然许多墨西哥人会说英语,但他却希望你能说西班牙语。如果你接到对方用西班牙文写来的信,而你却用其他文字回信,这在墨西哥会被视为相当失礼。在与墨西哥人交往时,切忌谈论墨西哥国内的政治、宗教、社会状况等问题,也不宜询问他们的私人问题。另外,墨西哥人热情、开朗、豪放,很乐于结交朋友,请客吃饭是常用的一种交流方式。

5. 禁忌

墨西哥人喜爱红色、绿色、蓝色、白色等颜色,忌讳紫色,认为紫色是不祥之色。同其他国家一样,讨厌的数字与日期分别是"13"与"星期五"。忌讳的鲜花有黄花、红花、紫花,因为在墨西哥人看来,黄花暗示死亡,红花表示诅咒,紫花是不祥之花。墨西哥人喜欢白花,认为白花可驱邪,同时还非常偏爱仙人掌和大丽菊。蝙蝠图案及艺术造型为墨西哥人所忌讳,偏爱骷髅,认为它象征公正,并喜欢以其图案进行装饰。他们也很喜欢仙人掌和雄鹰的图案。

与墨西哥人交往,切忌用掌心向下比划孩子身高的手势,因为在墨西哥人看来这一动作带有侮辱的意味,仅可用以表示动物的高度。大多数墨西哥人都会说英语,但与他们会谈或回信时,一般要用西班牙文。

(三) 巴西

巴西全名为巴西联邦共和国,国花为毛蟹爪兰,官方语为葡萄牙语,首都位于巴西利亚。

1. 礼仪规范

与很多国家形成鲜明的对比,巴西人最习惯于用拥抱和亲吻行见面礼,只有在正式的场合下才行握手礼。当然,行亲吻礼时,并非真的亲吻,只是发出亲吻的声音。巴西人不仅热情好客、健谈善谈，而且生活多姿多彩、能歌善舞，桑巴舞就是巴西人的一个标志。

在其着装上，这一点也表现突出。巴西妇女的服装色彩艳丽、款式丰富。这种艳丽的服装在日常休闲、庆典活动时更多见一些。在正式的商务活动中，男女着装都非常整洁，相对保守。饮食方面，巴西人喜欢喝咖啡、吃烤肉，饮食习惯、餐具用法与欧洲人相近。

2. 商务习惯与禁忌

与巴西商人进行商务谈判时要准时赴约。和巴西人打交道时，主人不提起工作时，客人不要先谈工作；对巴西当地的政治问题最好闭口不谈。

巴西人忌讳数字"13"，认为"13"为不祥之数；忌讳紫色、棕黄色；忌用大拇指和食指联成圆圈，形成"OK"的手势；送礼忌讳送手帕。

四、能力训练

美国人和拉丁族人不一样，他们的性格更为内敛，尤其是陌生人之间，一见面的话题其实很少，只有顺利渡过开场白这一关，才会有更多的话题。但是很多外国人不了解美国人交往的特点，要不就是觉得美国人智商有问题，要不就是被美国人误认为粗鲁无礼，结果无法进行更深入的交流。

初次见面，当然先要握手寒暄。这个寒暄，在英语里就叫 small talk。寒暄的目的，就是为了打破僵局，让双方增进了解，寻找共同话题。但是和其他地方的人一样，美国人也有友好的和不友好的，有乐意和你多聊聊的，也有正烦着不想多谈的。因此，学会从对方的回答中看出他/她的友好程度，才能知进知退，百战不殆。

可以看看下面几组对话，分析一下讲话人的态度。

（1）A：How are you?

B：Ok.

这个回答表示 B 讲话人不是很友好，他的意思是"我不想多谈，你最好走开。"

（2）A：How are you doing?

B：(I'm) fine, thank you.

这个回答显示 B 讲话人还是比较友好的，但是他并没有鼓励你继续问下去。他可能是说"我很感谢你问候我，但是我现在不太想和你交谈。"不过，也有可能是讲话的人性格内向，所以你要依据情况而定。

（3）A：How are you?

B：Good! How are you?

B 讲话人反过来问候你，表明他很友好，如果情况允许，你可以继续和他谈下去。

模拟训练：

假如你是 A 讲话人，面对上述三种 B 讲话人，你将分别采取怎样的恰当的礼仪进行下一步的交谈，并尽量在谈话中保持主动？

由两人扮演 A、B 两个角色，可设计具体情景。

模块3 亚洲主要会展国家和地区的礼仪

一、教学目标

1. 终极目标

了解亚洲主要国家会展礼仪方面的内容及要点。

2. 促成目标

具备与亚洲主要会展国家客人接触的基本能力。

二、案例

1. 案例介绍

自 1974 年起,东京地铁就以广告画的形式,向乘客宣传地铁行为规范。有一幅名为《哎呀,我成了自私虫》的作品描绘了许多地铁陋习,例如将湿漉漉的雨伞带入车厢、抢占座位、使用香味过于浓烈的香水、随手扔杂物等。作者将有这类行为的人描绘成背后长着翅膀或头上长着角的"自私虫",到处让人侧目。这幅画生动、幽默又立场鲜明,在众多作品当中给人留下深刻印象,并且长期在各车站张贴。正是由于长期、持之以恒的宣传引导,今天,东京地铁虽被称为全世界最繁忙的地铁,但仍以安全、准时、整洁、安静、秩序井然、富有人情味等优点而备受世人称赞。这些优点的形成与乘客的参与是分不开的。

2. 案例分析

地铁是城市文明的窗口,也是体现个人修养的窗口。因此,朝九晚五的白领、身背书包的学生、走亲访友的市民,都不妨反思一下:我是否充当了"自私虫"呢?只要人人都摒弃"自私虫"的行为,真正能够代表现代化大都市形象的地铁文明就一定会被营造出来。

三、理论知识

亚洲位于北半球,太平洋西岸,地处热带、亚热带、温带,气候温和湿润,是世界上人口最多的大洲,同时也是世界三大宗教即基督教、伊斯兰教、佛教的发源地。因受多种因素的影响,特别是宗教信仰的影响,亚洲的民族构成最为复杂,各地区、各国的礼仪习俗差别比较大,在进行商务活动时要特别注意。亚洲的会展经济近年来发展迅速,其规模仅次于欧美。日本、新加坡、中国香港等都是亚洲会展经济中的佼佼者。

(一) 日本

日本是我国"一衣带水"的邻邦,与我国交往频繁。自两国正式恢复邦交以来,日本每年到中国旅游的游客近百万,已逐渐成为我国旅游业最大的客源国和贸易国。由于历史上鉴真和尚多次东渡扶桑,交流中日文化,所以日本受我国文化的影响很深,至今还保留着浓厚的我国唐代礼仪、风俗。日本人大多信奉神道教和佛教,其中佛教是从中国传过去的;少数日本人信奉基督教或天主教。

1. 节庆

日本的重要节日有新年、成人节、儿童节等。在日本,新年(1月1日)的庆祝方式与中国差不多。成人节(1月15日)是满 20 周岁青年的节日。日本的儿童节有男孩子节和女孩子节之分。男孩子节也叫端午节,和中国端午节时间及过法基本类似。所不同的是,节日里凡有儿子的家庭,家门外要挂上各色大小不一的鲤鱼旗,大的鲤鱼旗代表大男孩,小的则代表小男孩,家里有几个男孩就挂上几面鲤鱼旗。女孩子节是每年3月3日,又称雏祭。日本的国花是樱花,故有樱花节。

2. 饮食习惯

日本人吃菜喜清淡,忌油腻,爱吃鲜中带甜的菜,还爱吃牛肉、鸡蛋、清水大蟹、海带、精猪肉和豆腐等,但不喜爱吃羊肉和猪内脏。日本人喜欢喝酒,日本清酒、英国威士忌、法国白兰地和中国"茅台"等名酒都爱喝。日本人吃水果偏食瓜类,如西瓜、哈密瓜、白兰瓜等。

3. 礼仪规范

日本人总的特点是勤劳、守信、守时、工作和生活节奏快，他们重礼貌，妇女对男子特别尊重，集体荣誉感强。日本人在待人接物以及日常生活中十分讲究礼貌、注重礼节，形成了一些礼仪规范。例如：在待人接物上谦恭有礼，说话常用自谦语，特别是妇女，在与人交谈时总是语气柔和、面带微笑、躬身相待。日本人善用礼貌用语，为此，在语言上还分敬语与简语两种。由于日本人等级观念很重，上、下级之间，长辈、晚辈之间界限分得很清。因此，凡对长者、上司、客人都用敬语说话，以示尊敬；而对平辈、平级、小辈、下级一般用简语讲话。这时敬、简两种语体是不混合使用的。日本人最常用的敬语有"拜托您了"、"请多多关照"、"打扰您了"等。同时，他们忌问"您吃饭了没有"之类的话。

现在日本人外出大多穿西服。和服是日本传统的民族服装，在隆重的社交场合或节庆时他们会穿和服出席。日本人重视仪表，认为衣着不整齐为不礼貌的行为。日本人与人见面善行鞠躬礼，初次见面向对方鞠躬90°，而不一定握手；只有见到老朋友才握手，有时还拥抱。男子对女宾客，只有在她主动伸手时才握手，但时间不太长也不过分用力。日本人在室外一般不作长时间谈话，只限于互致问候。

日本人不给他人敬烟，当着别人面自己若想吸烟时，通常是在征得对方同意后才行事。以酒待客时，他们认为让客人自己斟酒是失礼的，应由主人或侍者代斟为妥；并且注意斟酒的方法，即斟酒者右手持壶，左手托底，壶嘴不能碰到杯口。客人则以右手持杯，左手托杯底接受斟酒为礼。通常，接受第一杯酒而不接受第二杯不为失礼。客人若善饮，杯杯都喝光，主人会高兴并鼓励多喝，但主人和其他客人并不陪饮。不喝时，不可把酒杯向下扣放，应等大家喝完才能一齐扣放，否则会被视为不礼貌。日本人的茶道已不是一种日常生活意义上的饮茶，而是形成了一种礼仪规范，作为最高礼遇来款待远道而来的尊贵宾客。

在日本，初次见面时互递名片已是一种日常礼节，因此很讲究交换的方法和程序。通常应先由主人或身份较低者、年轻人向客人或身份高者、年长者递送上自己的名片；递送时要用双手托着名片，把名字朝向对方，以便方便阅读。还有一种方式是：用右手递送上自己的名片（名字也要朝向对方），用左手去接对方的名片。如果自己在接到对方的名片后再去寻找自己的名片，则会被认为是失礼的。至于一时错把别人的名片递送给对方，则为严重失礼。因此，在接待日本客人时，千万要注意将自己的名片准备好，以便适时与对方交换，以示礼貌。

4. 商务习惯

日本人经商带有典型的东方风格，一般比较慎重、耐心而有韧性，自信心、事业心和进取心都比较突出。日本人在商务谈判中往往不明确表态，常使对方产生模棱两可、含糊不清的印象。他们在签订合同前一般都很谨慎，且考虑时间也很长，但一般重视合同的履行，同时对对方履行合同也很严格。如果他们觉得对方的信誉方面有问题，就可能很难与之长期合作。日本人是内向型很强的民族，他们尊敬强者。同他们打交道、做生意，必须多花时间去了解他们的理念和想法。如能建立互信关系，就会有很好的发展前景。尤其要十分重视建立和谐的人际关系，这样会有效地促进合作的长期发展。

到日本进行商务活动，以春季和秋季为宜。日本不流行家宴，商业宴会也难得让女士参加。商界人士没有携家眷出席宴会的习惯。商界的宴会一般在大宾馆进行。日本人没有敬烟的习惯，在宴会上也不宜劝酒。

5. 禁忌

日本人忌讳绿色，认为绿色不祥；忌荷花图案；忌"9"、"4"等数字，因为"9"在日语中发音和"苦"相同，而"4"的发音和"死"相同。所以日本人住饭店或进餐厅，不要安排他们住4号楼、第4层或4号餐桌。日本商人忌2月和8月，因为这两个月是营业淡季。日本人忌三人合影，因为三人合影，中间人被夹着，这是不幸的预兆。他们还忌金眼睛的猫，认为看到这种猫的人要倒霉。日本人喜爱仙鹤和龟，因为这是长寿的象征。日本妇女忌问其私事。在日本"先生"一词只限用于称呼教师、医生、年长者、上级或有特殊贡献的人，对一般人称"先生"会使他们处于尴尬境地。

日本人饮食上忌讳8种用筷子的方法，叫做"忌八筷"，即忌舔筷、迷筷、移筷、扫筷、抽筷、掏筷、跨筷和剔筷。同时，忌用同一双筷子给宴席上所有人夹取食物。

（二）新加坡

新加坡全名为新加坡共和国，国花为万代兰，马来语为国语，英语、华语、马来语、泰米尔语为官方语言，英语为行政语言。新加坡土地面积较小，由新加坡岛及其附近的小岛组成，风景秀丽，以"花园城市"享誉世界。"新加坡"三字的意思是"狮子城"。新加坡由于政府的重视，本国也具有发达的基础设施及高水平的服务和较高的英语普及率，连续多年成为亚洲首选的举办会展的国家，并且被国际协会联合会评为世界第五大"会展之都"。

新加坡居民主要由华裔、印度裔和马来裔。华裔新加坡人信奉佛教，而且很虔诚，他们有室内诵经的习惯，诵经时切不可打扰。华裔新加坡人来华喜欢进佛寺烧香、跪拜并捐香火钱。印度裔新加坡人多数信仰印度教。马来裔新加坡人、巴基斯坦血统的新加坡人多数信奉伊斯兰教。当然还有一些人是信奉天主教和基督教的。

1. 节庆

华裔新加坡人过春节时，有孩子守岁、大人祭神祭祖、放鞭炮、长辈给孩子压岁钱、走亲访友、迎神、演戏、赶庙会、举行灯会等风俗习惯，和中国唐代、宋代时过春节一样。该国把每年4月17日食品节定为全国法定节，节日来临时，食品店准备许多精美食品，国人不分贫富，都要购买各种食品合家团聚或邀请亲友，以示祝贺。

2. 饮食习惯

新加坡的华人喜欢清淡的口味，偏爱甜味，讲究营养，平日爱吃米饭和各种生猛海鲜，不太喜欢吃面食，粤菜、闽菜和上海菜都很受他们的欢迎。而马来人忌食猪肉、狗肉、自死之物和动物的血，不吃贝壳类动物，不饮酒。谈话时，要避免谈论政治、宗教等话题。可以谈谈旅行见闻、你所去过的国家以及新加坡的经济成就。

新加坡人，特别是新加坡华人，大都喜欢饮茶。当客人到来时，新加坡人通常都会以茶相待。鹿茸酒、人参酒等也都是他们常饮的杯中之物。主食为米饭、包子，不吃馒头；副食为鱼虾，如炒鱼片、油炸鱼、炒虾仁等。不信佛教的人爱吃咖喱牛肉。水果爱吃桃子、荔枝、梨。下午爱吃点心，早点喜用西餐。

3. 礼仪规范

新加坡人特别讲究礼貌礼节，这也是该国会展业得以迅速发展的一个重要原因。华裔新加坡人在礼貌礼节方面不但与我国非常相近，而且保留了许多中国古代遗风，如两人相见时要相互作揖等，通常的见面礼是鞠躬或轻轻握手。印度裔新加坡人因多数信奉印度教，故仍保持着印度的礼节和习俗，如妇女额上点着檀香红点，男人腰扎白带，见面行合十礼。而马来血统、巴基斯坦血统的新加坡人则按伊斯兰教的礼节待人接物。

新加坡人的着装非常讲究，正式的场合，男子一般要穿白色长袖衬衫和深色西裤，并且打上领带，女子则须穿套装或深色长裙。在对外交往中，新加坡人则大多按照国际惯例穿深色的西装或套裙。在国家庆典和其他一些隆重的场合，新加坡人喜欢穿自己的国服，即一种以胡姬花为图案的服装。

由于新加坡曾长期是英国的殖民地，所以其社会文化受西方的影响很大，在社交礼仪方面已经西化。新加坡人最常用的见面礼为握手礼。在商界普遍使用名片，双方首次会面要交换名片。商务名片最好中英文对照。但新加坡政府规定，当地政府官员不使用名片。

在新加坡商人之间没有送礼物的习惯，但人们很珍视公司纪念品。如果到新加坡人家里去做客，可以带一束鲜花或一盒巧克力作为礼物。由于受中国文化的影响，吉祥字画在他们的周围随处可见。最受他们喜爱的吉祥字有"喜"、"福"、"吉"、"鱼"等，最受他们欢迎的吉祥画则有表示"平安"的苹果、表示"和平"的荷花、表示"力量"的竹子等。

4. 商务习惯

新加坡商人中以华商居多，他们很乐意回中国经商，并且"乡土观念"极强。如果能用"家乡话"与其进行交谈，肯定会大受欢迎，有助于合作的成功。另外，他们大都很讲"面子"，与其进行交往时，不妨多说几句"多多指教"、"多多关照"的谦言。但现代商人大都在新加坡出生长大，与传统的华商有显著的不同，他们吸收了许多现代西方的经营思想，比较强调事实、技术细节和周密的合同，因而在交易磋商阶段一般都很慎重，不喜欢草率签订合同，但一旦签约后，总是恪守信誉、认真履约。新加坡商人一向有勤奋、诚实、谦虚、可靠的美德。到新加坡从事商务活动的最佳月份是3～11月，以避开圣诞节及华人传统的节日。

新加坡人以勤俭节约著称，反对挥霍浪费，宴请对方不要过于排场，尤其是在商务活动中。答谢宴会不宜超过主人宴请的水平。宴会一般安排在中午或晚上。

5. 禁忌

由于新加坡公民中以华人居多，他们一般很喜欢红色、绿色、蓝色，视紫色、黑色为不吉利的颜色，白色、黄色则为禁忌色。在数字方面，人们不太喜欢"4"与"7"这两个数字，因为在华语中"4"的发音与"死"相仿，而"7"则被视为一个消极的数字。在新加坡华人看来，"3"表示"升"，"6"表示"顺"，"8"表示"发"，"9"则表示"久"，都是吉祥的数字。新加坡人在商业上反对使用如来佛的形态和侧面像，也禁止使用宗教词句和象征性标志。

新加坡是一个非常讲究礼仪的国家，在他们看来，不讲礼貌不仅让人瞧不起，并且还会寸步难行。如与新加坡人交谈时，不能口吐脏字，同时还要多使用谦语、敬语，不准嚼口香糖，过马路时不能闯红灯，"方便"之后必须拉水冲洗，在公共场合不准吸烟、吐痰和随地乱扔废弃物品。否则，就要受到严厉的处罚，需要交纳高额罚金，甚至可能会吃官司。

另外，在新加坡进行贸易谈判时，不要跷二郎腿，否则会影响合作。新加坡人对"恭喜发财"这句祝颂辞极其反感，因此与新加坡人交往时要注意。此外，新加坡人对于蓬头垢面、衣冠不整、胡子拉碴的人非常反感。

（三）港、澳、台地区

香港、澳门、台湾是中华人民共和国不可分割的领土，其中香港和澳门已回归祖国。在港、澳、台地区生活的95%以上的人口都是炎黄子孙，是我们的骨肉同胞。他们热爱祖国和中华民族，有强烈的民族感和乡土观念。特别是香港，更是中国会展先锋。

1. 节庆

香港、澳门和台湾注重过中国传统的农历节日,如端午节、春节等。过节时要祭神、祭祖,其形式、规矩讲究较多。当然,由于受西方文化的影响,许多人也习惯过西方的圣诞节等节日。

2. 饮食习惯

港、澳、台同胞的饮食习惯和祖国大陆基本相仿。许多人回内地探亲访友、旅游观光时喜吃家乡菜和各地传统的风味小吃。一般喜欢品尝各派高档特色的名菜、名点,爱喝"茅台"一类的名酒,以及"龙井"、"铁观音"等名茶。

3. 礼仪规范

港、澳、台地区通行的礼节为握手礼。港、澳、台同胞一般比较勤勉、守时。与他们交往时要注意做到不能使他们觉得丢面子;与他们谈话入正题前要说些客套话,多表示些祖国大陆人民对他们的热情友好和真诚欢迎。

4. 禁忌

港、澳、台同胞,尤其是上了年纪的老一辈人迷信的不少,他们忌讳说不吉利的话,而喜欢讨口彩。例如,香港人特别忌"4"字,因其谐音为"死";若遇讲"4",可改说成两双,他们听了乐意接受。又如,住饭店不愿进"324"房间,因其在广东话里的发音与"生意死"谐音,不吉利。过年时喜欢别人说"恭喜发财"之类的恭维话,不说"新年快乐","快乐"因音近"快落"而不吉利。由于长期受西方的影响,外国人的一些禁忌他们也同样忌讳,如忌"13"、"星期五"等。

(四)阿拉伯国家

人们俗称的"中东地区",因为居住着阿拉伯人,也被称为"阿拉伯世界"。阿拉伯世界地跨亚、非两大洲,总面积超过 1420 万平方公里,共有 22 个国家和地区。阿拉伯世界的气候分为热带沙漠气候和地中海气候两种,前者夏季绝对温度高达 55℃,后者冬无严寒、夏无酷暑,四季湿润、气候宜人。阿拉伯国家总人口超过 2.5 亿,其中多数为阿拉伯人,绝大多数居民信奉伊斯兰教。他们有着共同的文化传统和风俗习惯。

由于中东地区近 30 年来大量出口石油,中东各国在世界经济上的地位变得很重要,中东人以此自豪,他们特别喜欢别人赞许自己的成就。过去阿拉伯人接待外来者时常说的话是"我们到凯巴(伊斯兰教圣地)去",现在则说"我们到谈判厅去"。

1. 节庆

在伊斯兰国家,通用的是伊斯兰历而非公历。伊斯兰历九月为阿拉伯人的斋月。在斋月,穆斯林白天禁食,午后不办公。每周星期六到下星期四为办公日,星期五则为休息和祈祷日。开斋节和宰牲节为伊斯兰教的两大节日。

2. 饮食习惯

阿拉伯人善于烹调,食物丰富多彩。其饭菜的特点是甜、香、油腻。咖啡和茶是每天不可缺少的饮料。阿拉伯人信奉伊斯兰教,禁吃猪肉,不吃外形丑恶和不洁之物,如甲鱼、螃蟹等,也不吃已死的动物。阿拉伯人从前的主食是玉米饼、麦饼和豆,贫穷家庭吃的主要是玉米饼。自从不少阿拉伯国家因出口石油而收入大量美元之后,各国政府对主要食品实行价格补贴,店铺里卖的大饼(发酵饼)和面饼比面粉还要便宜,所以平时家家都吃大饼或面饼。以西红柿沙拉、洋葱拌辣椒、煮豆、酱等为佐餐,肉类主要是牛、羊肉。

阿拉伯人喜欢咖啡和茶。在各城市的街道上,咖啡摊比比皆是,一杯咖啡加上几种点心,就是一顿便宜的午餐。名贵的菜肴有油炸鸽子、烘鱼、烤全羊等。阿拉伯人用手抓饭的技术十分熟练,一是不怕烫,二是能用手指迅速地撕下一小块肉条、菜肴送入口内,手指又不允许碰着嘴。

3. 礼仪规范

阿拉伯人的传统服装是长袍,男人穿白色长袍,妇女穿黑色长袍。现在,男人穿西装已很普遍。阿拉伯人的见面礼,主要是握手和拥抱。不过各国具体习俗有所不同,到阿拉伯国家经商,不要忘了入境随俗。与阿拉伯商人交往,要尊重他们的"五礼"。按照伊斯兰教义,教徒每天要做5次礼拜,一到礼拜时间,他们就会放下手头的事情来做礼拜。此时,你不可干扰他们,更不可表现出不耐烦。阿拉伯人还用咖啡招待客人,那是一种又香又苦的咖啡,你不可拒绝,不然就意味着对主人的不恭,而且喝咖啡时还应咂嘴出声,啧啧称赞。

与阿拉伯人交往,一般不在初次见面时送礼,也不要只有一个人在场时送礼,以免有行贿之嫌;不可送不值钱的礼品或人物形象礼品,也不可给女主人送礼。与阿拉伯人建立良好关系后,他们会邀请客人到家里做客。上门时应带好礼品,如艺术品、书、唱片、办公用品或具有本民族特色的礼品,都会受到欢迎,但注意不可送酒。

4. 商务习惯

阿拉伯人普遍时间观念不强,工作节奏缓慢,迟到更是家常便饭。在中东地区从事商务活动,经常会听到阿拉伯人说"IBM"。这是阿拉伯3个词语的字头:"I"是"因夏拉",意思为"神的意志";"B"是"波库拉",意思为"明天再谈";"M"是"马列修",意思为"不要介意"。"IBM"是阿拉伯商人惯用的遁词。商谈中签订了合同,一旦情况有变,他们取消合同时就会说这是"神的意志";有时谈判刚刚有了进展,他们会说"明天再谈",于是谈判不得不中断,甚至从头开始。碰上这两种情况,阿拉伯商人都会拍拍你的肩膀说"不要介意"。商务活动要想获得成功,必须在交往几次建立了一定的联系之后,才能进入洽谈阶段,要有足够的耐心。

四、能力训练——案例分析

2006年5月,上海杜莎夫人蜡像馆正式向公众开放。先前在伦敦、阿姆斯特丹及拉斯维加斯等地的成功运作已经让杜莎夫人蜡像享誉全球,但是在上海开业的第六座杜莎夫人蜡像馆却遭遇了前所未有的尴尬。游客在与"名人"作零距离接触的时候过度"热情",捏捏脸、拉拉头发的行为比比皆是,更有不少游客干脆一屁股坐在蜡像身上照相,给这些蜡像造成了不同程度的伤害。开业仅仅五天,"刘德华"已因为脸部受损暂时"疗养"去了,而"姚明"和"F1"赛车等热门蜡像的周围也悄然拉起了围栏。

杜莎夫人蜡像馆的尴尬其实更是上海这座国际化大都市的尴尬。在人们普遍都在进一步追求精神文明的今天,各式各样的展览为人们提供了学习和娱乐的绝佳机会。无论是博物馆里镌刻了千年文明历程的珍贵文物,美术馆中流淌着人文美学思想的精美画作,抑或是科技馆里蕴涵着最新科技成果的惊人展品,都让我们在参观中学习,在学习中提高。因此,营造一个舒适文明的参展环境,是每一个参观展览者所迫切希望并共同创造的。

随着文化事业的蓬勃发展,会有越来越多的展览成为我们的"文化大餐"。2010年的上海世博会,更有无数展会吸引中外朋友前去参观。当你参加展览活动时,别忘了:做一个高雅、文明的参观者。

(资料来源:"范荧,陈亦聆编著. 中外礼仪集萃. 上海:上海外语教育出版社,2007.")

讨论题：
① 参观展览时，我们应该注意些什么？
② 展览馆是高雅的文化场所，人们怎样注意自己的着装？

模块 4 非洲及大洋洲部分国家会展礼仪

一、教学目标

1. 终极目标

了解非洲及大洋洲主要会展国家礼仪的内容及要点。

2. 促成目标

具备与非洲及大洋洲主要会展国家客人接触的基本能力。

二、案例

1. 案例介绍

在非洲，很多地方吃手抓饭。吃饭时，大家围坐一圈，一个饭盒和一个菜盒放在中间。每个人用左手按住饭盒或菜盒的边沿，用右手的手指抓自己面前的饭和菜，送入口中。与非洲朋友进餐时应注意的是，切勿将饭菜撒在地上，这是大多数非洲人所忌讳的。饭毕，长者未离席时，晚辈要静坐等候；子女离席时，须向父母行礼致谢；客人则应等主人吃完后一道离开。

在非洲的不少地方，吃饭时有着严格的礼仪，甚至连牛、羊、鸡、鸭的每个部位归谁吃都有规定。如在马里，鸡大腿当由年长的男人吃，鸡胸脯肉归年长妇女吃；当家的人吃鸡脖、胃和肝；鸡的头、爪和翅膀由孩子们分食。又如在博茨瓦纳，在公众大型宴会上，宾客和男人吃牛肉，已婚的妇女吃牛杂碎。

2. 案例分析

非洲对我们中国人来说是非常神秘的，但随着中非关系的快速发展，中非人民的交往越来越多，中国人可以前往非洲经商和旅游，因此了解非洲国家的礼仪习俗对于发展同非洲人民的友谊格外重要。我们要充分尊重非洲人民的风俗习惯，不能对一些独特的风俗大惊小怪，以免造成不必要的冲突和麻烦。

三、理论知识

（一）非洲

非洲是阿非利加洲的简称。希腊文"阿非利加"是阳光灼热的意思。赤道横贯非洲的中部，非洲 3/4 的土地受到太阳的垂直照射，年平均气温在 20℃ 以上的热带占全洲的 95%，其中有一半以上地区终年炎热，故称为"阿非利加"。非洲是世界文明的发源地之一。过去的几个世纪中，由于长期受殖民者的侵入、瓜分和奴役，非洲成了一个贫穷落后的地区，现在大部分非洲国家纷纷独立，加入了第三世界发展中国家的行列。他们纷纷与我国建立了外交关系并加强了贸易和友好往来。

1. 埃及

埃及全名为阿拉伯埃及共和国，它地跨非、亚两洲。埃及在希腊语中意为"黑色或辽阔的国家"，有"金字塔之国"、"尼罗河的礼物"、"文明古国"的美称，首都位于开罗。在埃及，阿拉伯人占 90%，伊斯兰教为国教，阿拉伯语为国语，在饭店、观光地区及一般商务活动中通行英语，受教育阶层大部分懂英语和法语。

（1）节庆　埃及是伊斯兰国家，因而同时使用公历和伊斯兰历，日常生活中使用公历，作息时间根据伊斯兰教的习惯以周六作为一周的开始，周五则是休息日（政府机关周四或周六也公休，一般大的公司、银行、商业机构会休周五、周六）。埃及的公众节假日分为三类：法定节假日、伊斯兰教假期、基督教假期。但宗教假期并非法定假期。

（2）饮食习惯　埃及人通常以"耶素"（即为不用酵母的平圆形埃及面包）为主食，进餐时与"富尔"（煮豆）、"克布奈"（白乳酪）、"摩酪赫亚"（汤类）一并食用。他们喜食羊肉、鸡、鸭、鸡蛋以及豌豆、洋葱、南瓜、茄子、胡萝卜、土豆等。在口味上，一般要求清淡、甜、香、不油腻。串烤全羊、烤全羊是他们的佳肴。埃及人爱吃中国的川菜。

埃及人在正式用餐时忌讳交谈，否则会被认为是对神的亵渎行为。他们习惯用右手就餐，认为左手不洁净，忌用左手与他人接触或给别人递送食物及其他物品。埃及人一般都遵守伊斯兰教教规，忌讳饮酒，但可饮茶。他们有饭后洗手、饮茶聊天的习惯。他们爱喝一种加入薄荷、冰糖、柠檬的绿茶，认为这是解渴提神的佳品。他们忌吃猪肉、狗肉，也忌谈猪、狗，不吃虾、蟹等海味，不吃动物内脏（除肝外）及鳝鱼、甲鱼等怪状的鱼。

（3）商务习惯　按照埃及的商务礼俗，宜随时穿着保守式样的西装。拜访须先订约会。埃及人比较重视来访的客人，因此，即使依约前来面谈当中，若有不速之客到来时，他们也会简单地迎接。一笔生意的洽谈往往需要很长的时间。在埃及，持用印有阿拉伯文对照的名片颇有帮助，在当地2～3天内即可印妥。

在埃及，从商的人经验丰富。埃及人很勤劳，你若到乡间田园去的话，就可以看到汗流浃背、默默耕耘的农民。埃及进出口业及银行业均已国有化。自埃及实行经济开放政策以来，对外贸易的主要对象逐渐转向西方发达国家，如美国、意大利、德国、法国等。根据埃及最近的经济改组和规定，进出口业可由政府与民间经营，但下列商品限由政府经营，如棉花、米、麦和油。这些进出口贸易公司的官员均会说英语。商务招待会按埃及的标准，相当豪华。

（4）禁忌　在埃及，一到了下午3点钟到5点钟之后，人们大都忌讳针。商人绝不卖针，人们也不买针，即使有人愿出10倍的价钱买针，店主也会婉言谢绝，绝不出售。埃及人喜欢绿色、白色，而不爱紫色与蓝色，喜欢金字塔形莲花图案。禁穿有星星图案的衣服，除了衣服，有星星图案的包装纸也不受欢迎。禁忌猪、狗、猫、熊。"3"、"5"、"7"、"9"是人们喜爱的数字，忌讳"13"，认为它是消极的。吃饭时要用右手抓食，不能用左手。无论送给别人礼物，还是接受别人的礼物时，都要用双手或者右手，千万别用左手。

埃及的社交聚会比较晚，晚饭可能十点半以后吃。应邀去吃饭，可以带些鲜花或巧克力。和埃及人相处，谈话时多赞美埃及有名的棉花和古老的文明，避免谈论中东政局。到埃及从事商务活动，最好于10月至次年4月前往。每年伊斯兰教假日不同，行前须先查明。

2. 坦桑尼亚

坦桑尼亚全名为坦桑尼亚联合共和国，由坦噶尼喀和桑给巴尔两部分合并而成。"坦噶尼喀"得名于坦噶尼喀湖，湖名源于班图语，意为"无数溪流在此汇合"、"许多部落在湖岸集居"。"桑给巴尔"一词源于波斯语，"桑给"意为"黑人"，"巴尔"意为"国家"，名意为"黑人的土地"或"黑人的国家"。1964年10月29日定国名为"坦桑尼亚联合共和国"，首都位于达累斯萨拉姆，货币为"坦桑尼亚先令"，英语为官方通用语言，国语为斯瓦希里语。

（1）礼仪规范　坦桑尼亚是一个多民族国家，每个民族都有自己的风俗特点和不同嗜好。马萨伊族人的审美观就很特别,他们以女子剃光头、男子梳辫子为美;有的部族的妇女还以纹面为美。他们视自己的父母为最可亲、最可信的人,视客人为最应受到尊敬的人。因此,他们通常都尊称男客人为"爸爸",对女宾客称"妈妈",甚至他们对见到的所有人都这样称呼。他们酷爱红色,因为它给人以兴奋和刺激。

(2) 商务习惯　坦桑尼亚人与客人相见时,惯于先指自己的肚子,然后鼓掌,再相互握手。坦桑尼亚妇女们遇见外宾时,握完手后便围着女外宾转圈,嘴里还发出阵阵尖叫,她们认为这样做是对客人最亲热、最友好的表示。相互引见时习惯握手为礼。口头问好时说一声"jambo"(你好)也是很常见的。东道主往往在来访者离境时赠送礼物。此时,客人还赠主人礼物(但不要送花)。交谈时可以谈论坦桑尼亚国家的环境、非洲的文化等,应避免谈论当前国家的政治问题。

(3) 禁忌　坦桑尼亚人忌讳用左手传递东西或食物。认为右手平时总接触入口的东西,是干净之手;左手经常接触肮脏之物,因此是不洁净的。他们认为称呼他人就要用最尊敬的语言,直呼其名是不懂礼貌的举止。坦桑尼亚信奉基督教的人忌讳"13",认为这是不吉利并会给人带来厄运的数字。坦桑尼亚信奉伊斯兰教的人禁食猪肉和使用猪肉制品,也忌讳谈论有关猪的问题。

(二) 大洋洲

大洋洲是世界第七大洲,是由澳大利亚、新西兰及许多岛国组成的。16世纪前,这里人烟稀少,只有土著人居住。后来随着英国和其他欧洲移民的迁居,大洋洲诸岛就成了英国等发达国家的殖民地。再后来,这些国家逐渐摆脱殖民统治,获得独立,目前大洋洲有15个独立国家和10个地区。巴布亚人、澳大利亚人、塔斯马尼亚人、毛利人、美拉尼西亚人、密克罗尼西亚人和波利尼西亚人等当地居民约占总人口的20%,欧洲人后裔约占70%以上,此外还有混血种人、印度人、华人和日本人等。澳大利亚是大洋洲面积最大、人口最多的国家,在大洋洲较有代表性,此处简要介绍澳大利亚的礼仪概况。

澳大利亚是一个后起的资本主义国家,独立后仍为"英联邦"成员国。澳大利亚的人口中95%为英国移民的后裔,通用英语。

澳大利亚地大物博,采矿工业发达,铁、铝、铜、金等矿产品的产量均居世界前列,农牧业以小麦和养羊为主,羊的总头数常居世界第一位。悉尼和墨尔本也是会展业十分发达的国际大都市。

1. 节庆

当北半球的国家在12月底欢度圣诞节的时候,位于南半球的澳大利亚正处于仲夏时节,所以澳大利亚的圣诞节与众不同,别有风趣。圣诞老人穿着大红皮袄、踏着雪橇与烈日下大汗淋漓、吃着冰淇淋的人们形成鲜明的对照,是一番少有的庆贺景象。

2. 饮食习惯

由于历史的原因,人口中英国移民的后裔占绝大多数,他们的饮食习惯与英国相差不多。菜要求清淡,不喜欢辣味。澳大利亚人喜吃新鲜蔬菜、煎蛋、炒蛋、火腿、鱼、虾、牛肉等。菜肴中的脆皮鸡、炸大虾、油爆虾、糖醋鱼、奶油烤鱼和烧西红柿等是他们常吃的食品。对于中餐,澳大利亚人偏爱广东菜。无论吃西餐还是中餐,他们都习惯用很多调味品,在餐桌上由自己调味。

3. 礼仪规范

澳大利亚人很讲究礼貌,在公共场合从来不大声喧哗。在银行、邮局、公共汽车站等公共场所，澳大利亚人都是耐心等待，秩序井然。握手是一种相互打招呼的方式，拥抱亲吻的情况罕见。澳大利亚同英国一样有"妇女优先"的习惯。他们非常注重公共场所的仪表，男子大多数不留胡须，出席正式场合时西装革履，女性是西服上衣、西服裙。

在澳大利亚，当两个人首次见面时，通常是用右手跟对方的右手握手。如果不认识对方，在见面时不会接吻或拥抱。许多澳大利亚人在跟别人交谈时会望着对方的眼睛，这是尊重对方及正在听着对方说话的表示。然而，某些人也许会对此感到不自在或尴尬。跟人初次见面时，许多澳大利亚人不愿被问及年龄、婚姻状况、孩子或金钱问题。当被介绍给某人时，除非被告知的是其名字或此人说喜欢被称呼其名字，否则宜以称号和姓氏（如黄先生、史密夫女士、布朗太太、李博士等）相称。在工作场所及跟朋友聚会时，澳大利亚人通常会直呼对方的名字。在与人见面及赴约时，应该尽可能守时。如果知道将会迟到，便要尝试联络对方，让他们知道。

澳大利亚人的时间观念很强，约会必须事先联系并准时赴约，最合适的礼物是给女主人带上一束鲜花，也可以给男主人送一瓶葡萄酒。澳大利亚人待人接物都很随和。

4. 商务习惯

在澳大利亚商务活动中，与英国后裔商人进餐，而在餐中提起生意时，他们是不会理你的。而美国后裔商人就可以边吃边谈生意，而且，还会谈得很起劲。此外，遇有商谈时，对方出来接谈的人一定都是有决定权的人、因此，另一方也应该派出同样的具有决定权的人，否则他们会不高兴，甚至不理你。这是因为他们很重视办事效率，不愿把时间浪费在不能决策的空谈上。同样，在商务谈判时，不喜欢先打出高价，再慢慢减价，尽力避免在讨价还价上浪费时间。与澳大利亚商人谈生意时，对方在价格上往往不太计较，但对产品质量要求相当严格，一旦发现质量问题，对方将不客气地提出索赔。

商务活动最好于3~11月去访，12月至次年2月为休假期，圣诞节及复活节前后一周不宜去访。澳大利亚人自古至今一直严守"周日做礼拜"的习惯，要避免在周日上午约他们。

5. 禁忌

避免批评任何与澳大利亚有关的事情，包括澳大利亚离欧洲相当遥远这个事实。不要随便对别人的观点表示同意，澳大利亚尊重自己有见解的人。行为举止要随意——任何装腔作势只会产生笑料。你可能因此受到嘲笑，不过那通常并非出于恶意。在澳大利亚人的眼里，兔子是一种不吉利的动物。他们认为，碰到了兔子可能是厄运降临的预兆。在社交场合，忌讳打哈欠、伸懒腰等小动作。

四、能力训练

2006年11月6日，在北京国际会议中心开幕的非洲商品展览会没有因为深秋的北风而显得"萧瑟"。楼外，车流不息；楼内，身穿大花彩裙的非洲姑娘们或穿梭于人群，或忙碌于展台之旁，将整个展馆渲染得"火热"异常。

在众多简洁展台的包围之中，埃及展台灯火通明，格外引人注目。据了解，因埃及使馆十分重视此次展览，决定放弃由主办方免费提供的展台，专门聘请公司设计展台，就连做翻译的志愿者也是使馆从外交学院专门挑选的。

埃及展台内的推介者均为西装革履的非洲男士，展品包括外形宽大的电冰箱、洗衣机、色彩鲜艳的尼龙印花地毯，包装精致的化妆品膨化食品、冷冻食品等。据展示家用电器的推介商介绍，他们公司的产品应用的是欧洲技术，已销往 30 多个国家。近日刚与中国的"海尔"签署合作协议，还将与"美的"等品牌合作，共同开发中国和非洲的家电市场。

展馆入口处，4 间津巴布韦展台可谓独享天时、地利、人和。这里展示的全是木雕等工艺品，推介商全是身着花色各异的长裙、头扎色彩艳丽的花巾的黑人女子。这 4 间展台被围得水泄不通。据了解，原来这里还卖鸵鸟蛋制品，尽管当时鸵鸟蛋制品已经卖光了，但前来问价的人还是络绎不绝。推介商忙着给需要者发名片，告诉他们可以与使馆联系下订单。当听到一位推介商给一位询问者开价"75 元一个鸵鸟蛋制品"时，有人便问这是零售价还是批发价。推介商立刻反问："你想作我们在中国的代理商吗？"她的反问提醒人们注意到，很多展台的醒目位置都打有"我们正在寻找合作者"的标语。

情景训练：

① 假如你是一个有意向与非洲国家进行贸易往来的参展者，并且已经对埃及（或其他国家，可自己设定）的项目有浓厚兴趣，希望与其参展商进行进一步洽谈，请设计你将用怎样的方式与对方展开第一次谈话。

② 通过第一次谈话，双方都非常满意，有意进行实质性合作，你需要到埃及（或自己设定的国家）考察，你将会根据该国的礼仪风俗做哪些必要的准备？

参 考 文 献

[1] 罗树宁. 商务礼仪与实训. 北京：化学工业出版社，2008.
[2] 范荧，陈亦聆. 中外礼仪集萃. 上海：上海外语教育出版社，2007.
[3] 吴信菊. 会展管理. 上海：上海交通大学出版社，2003.
[4] 李晶. 现代国际礼仪. 武汉：武汉大学出版社，2008.
[5] 于兴兴，郝爱娟. 中国人最易误解的西方礼仪. 北京：中国书籍出版社，2008.
[6] 杨海青. 会展礼仪实务. 北京：对外经贸大学出版社，2007.
[7] 金正昆. 商务礼仪. 北京：中国人民大学出版社，1999.
[8] 李莉. 实用礼仪教程. 北京：中国人民大学出版社，2004.
[9] 苏文才. 会展概论. 北京：高等教育出版社，2004.
[10] 王爱英，徐向群. 现代商务礼仪规范与实务. 北京：北京大学出版社，2009.
[11] 梁清山. 管理学基础教程. 北京：化学工业出版社，2008.
[12] 李莉. 会展服务礼仪规范. 长沙：湖南科学技术出版社，2005.
[13] 中外礼仪课程. http：//www. laomu. cn/wenmi/2008/200812/wenmi_77140. html.
[14] 中国礼仪网. http：//www. welcome. org. cn/.
[15] 谷玉芬. 服务礼仪案例40例. 职业餐饮网（http：//www. canyin168. com/Print. aspx？id=7350&page=6），2007.
[16] http：//www. chinahrlab. com/career/etiquette/meeting/3664. html.
[17] http：//www. 8586. com. cn/liyi/html/200807/liyi_2086. html.
[18] http：//www. xbzbw. cn/article/show. asp？id=5100.